JN188289

イスラエルと パレスチナ

紛争の解剖学

ISRAËL/ PALESTINE

ANATOMINE D' UN CONFLIT

THOMAS SNÉGAROFF　　VINCENT LEMIRE

トマ・スネガロフ、
ヴァンサン・ルミール 著

工藤妙子 訳

かんき出版

本作品は、フランス大使館翻訳出版助成金を受給しています。

Cet ouvrage a bénéficié de l'aide à la publication de l'Ambassade de France au Japon.

AMBASSADE
DE FRANCE
AU JAPON

Liberté
Égalité
Fraternité

まえがき

　2023 年 10 月 7 日のハマスによるテロ攻撃は記憶に新しい。青天の霹靂だった。イスラエルでは、ショア（ホロコースト）やポグロム（ユダヤ人迫害）といった言葉が口にされた。1973 年に第四次中東戦争が勃発した時と同じ奇襲攻撃だった。イスラエル軍によるガザでの激しい反撃に、今度はパレスチナ側が過去の歴史を引き合いに出した。パレスチナ人たちが思い出したのはナクバ、すなわち、1940 年代末にパレスチナ人の領土が徹底的に縮小された大惨事だ。

　言うまでもないことだが、イスラエルとハマスの戦争は 10 月 7 日に始まったのではない。

　歴史だけが、時だけが、一見して何の意味もなさそうな出来事に意味を与えてくれる。そしてその働きはとても重要だ。

　意味の不在には感情が入り込む。そして今のような状況で、感情は我々の社会を炎上させる危険な燃料と

なる。街頭や SNS には時代考証も滅茶苦茶な、いたずらに人心を惑わすだけの議論が溢れている。激情は破壊的な偏見を生む。ハーケンクロイツが溢れ返る。国旗が燃やされる。罵詈雑言が飛び交う。

こうして、2023 年 10 月の半ば、このポッドキャストの着想を得た。ヴァンサン・ルミールとの対談で、全 6 話、各話 15 分。6 話で 6 つの時代について語り、我々を支配する現在という時間、現在の状況から解放されることを目指す。知り、そして理解する。それが目的だ。

しかしポッドキャストは本ではない。我々の対話のすべてを収録しつつ、諸々の出来事を深く理解するのに役立つ地図（初公開の地図を含む）、語句や人名の解説、史料や年表を付け加えた。

つまりは、暗澹たる世界を惑い行く読者諸氏を照らす道具である。

トマ・スネガロフ

ガザ地区
2023年10月7日

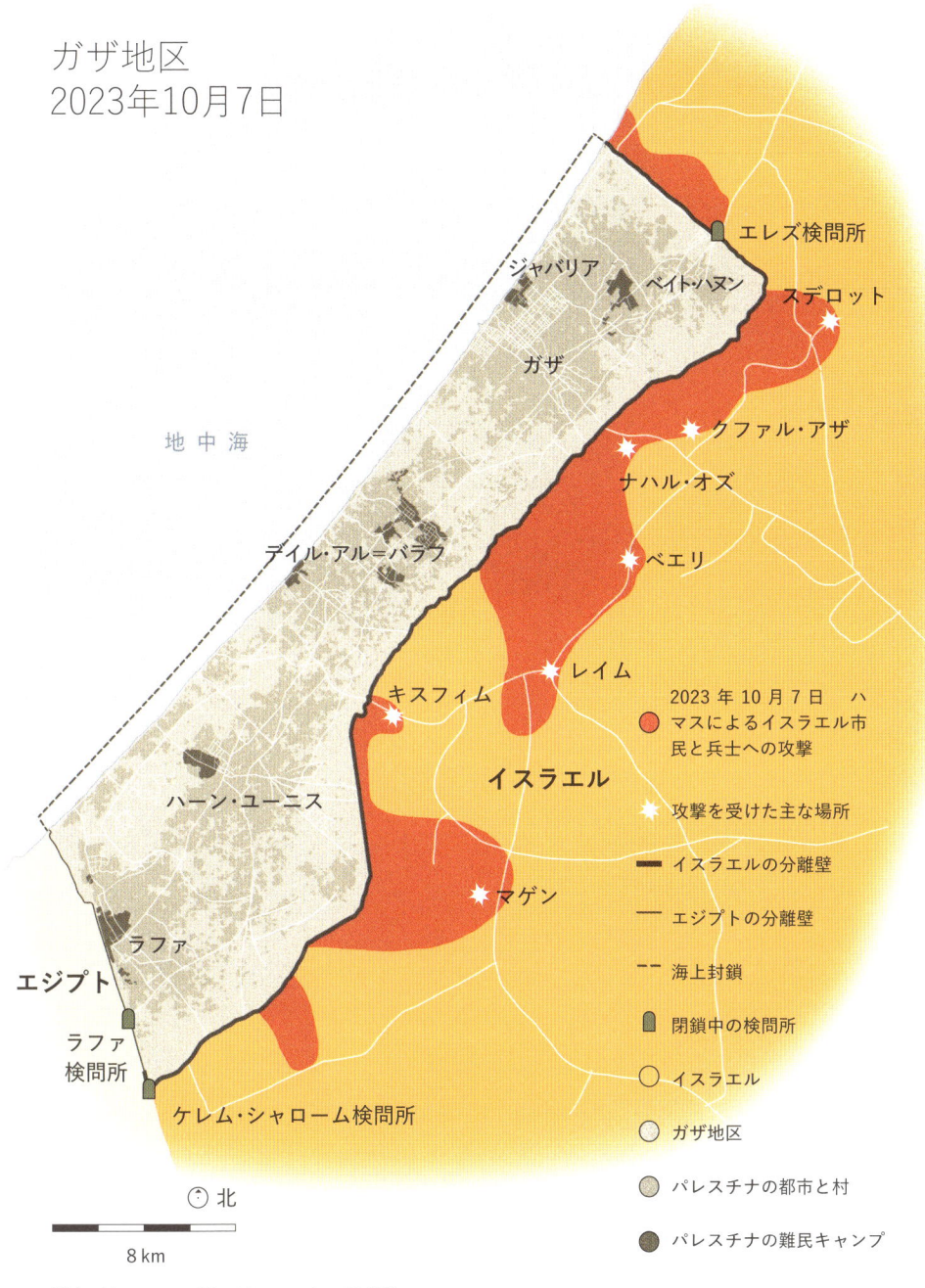

エレズ検問所

ジャバリア
ベイト・ハヌン
スデロット

ガザ

地中海

クファル・アザ

ナハル・オズ

ベエリ

デイル・アル＝バラフ

レイム

キスフィム

イスラエル

2023 年 10 月 7 日　ハマスによるイスラエル市民と兵士への攻撃

ハーン・ユーニス

攻撃を受けた主な場所

イスラエルの分離壁

マゲン

エジプトの分離壁

海上封鎖

ラファ

閉鎖中の検問所

エジプト

イスラエル

ラファ
検問所

ガザ地区

ケレム・シャローム検問所

パレスチナの都市と村

◉ 北

パレスチナの難民キャンプ

8 km

出典：Liveuamap, War Mapper, ル・モンド紙

・カイロ

・スエズ

シナイ砂漠

ガザ・

ベエルシェバ・

ネゲヴ砂漠

・エイラート

紅海

19世紀末の
パレスチナとその周辺地域

地中海

ベイルート・

ハイファ・

・ティール(スール)

リタニ川

▲ + 2814m

ヤッファ・

・ナザレ

ジェニン・

ティベリア・

ゴラン高原

ナーブルス

・ラマッラー

▲
+ 1208m

ヨルダン川

ベツレヘム・　・エルサレム
+ 754m

ヘブロン・

・エリコ
− 276m

・アラド

・アンマン
+ 777m

死海
− 404m

シリア砂漠

◎ 北

第 1 章　　1897 年

シオニズムの理想郷

Q 1897 年、テオドール・ヘルツルはユダヤ人の国家を創設する考え
を主張した。ユダヤ人がパレスチナを追われてから 2 千年も経っ
たこの時期になぜ、ユダヤ人をパレスチナに帰還させようとした

Q 1897 年以前にもパレスチナにはユダヤ人コミュニティが存在して
いたか。存在していたならば、ユダヤ人たちの暮らしぶりはどのよ

Q シオニズムのほうでユダヤ民族主義の高まりが著しかった 19 世紀

Q 今日のイスラエルとパレスチナの対立は、何よりもまず宗教的対
立だという印象を受ける。19 世紀末にはそうではなかったという

Q 先住ユダヤ人の存在と最初の移住者の到着によって、

第2章 1917年
守られなかった約束

1947 年

分 割 と 怒 り

第4章 1967年 戦争の時代

1987 年

蜂 起 と 交 渉

第6章 2007年
混乱へ

本文デザインDTP／石澤義裕
カバーデザイン／新井大輔（装丁新井）

Israel

1897年

シオニズムの理想郷

バーゼルで、私はユダヤ人の国家を建国した。
いま私が声に出してそう言えば、万人の笑いを誘うだろう。
5年後にはもしかしたら、
50年後なら間違いなく、誰もが納得するだろう

1897年9月1日のテオドール・ヘルツルの日記より

Palestine

Chapter 1

1876 → 1916

アラビア語とオスマン・トルコ語の2か国語併記のパレスチナの新聞『クッズ・イ・シャリーフ』が創刊される	**1876**
ロシア帝国におけるポグロムの第一波と第一次アリーヤーの始まり	**1881-1884**
ドレフュス事件が起こる	**1894**
バーゼルで第1回シオニスト会議が開催される	Aug, **1897**
エミール・ゾラが公開状『私は弾劾する』でドレフュスを擁護する	Jan, **1898**
ロシア警察により捏造された反ユダヤ主義的文書『シオン賢者の議定書』が刊行される	**1903**
ロシア帝国におけるポグロムの第二波と第二次アリーヤーの始まり	**1904**
オスマン帝国で青年トルコ革命が起こる	**1908**
パレスチナの最初の国民主義的週刊新聞『ファラスティン』紙がヤッファにて創刊される	**1911**
第一次世界大戦が勃発	Jul 28th, **1914**
青年トルコ政府によるアルメニア人虐殺	**1915**
イギリスとフランスがサイクス・ピコ協定を締結	**1916**

A 1897 年、シオニストの計画は制度として確立された。それまで漠然とした考えにすぎなかったものが、組織、体制を備えることで、骨組みを得て強固になった。

言葉そのものに立ち返ると、**シオニズムはユダヤ人がシオンへ帰還することを提唱するイデオロギー**である。シオンはエルサレム市内にある丘の 1 つであり、シオニズムという言葉は**エルサレムを中心とする聖地への回帰と同義**である。諸帝国の危機、ナショナリズムの台頭、反ユダヤ主義の高まりが著しかったヨーロッパで、1897 年以降、このユダヤ復興計画はユダヤ人のための国民国家を創設しようという意志を中心に構造化していった。

8 月の終わりに、テオドール・ヘルツルはスイスのバーゼルで第 1 回シオニスト会議を招集し、議長を務めた。1860 年、ヘルツルが生まれたブダペストはオーストリア・ハンガリー帝国の一部だった。ヘルツルは会議の議長を務め、次いでシオニスト機構の会長に就任した。新聞記者であったヘルツルはフランスと強い繋がりを持っていた。1891 年から 1896 年にかけて、ウィーンの主要な自由主義系日刊紙『ノイエ・フライエ・プレッセ』のパリ特派員を務めた。1894 年、ドレフュス事件が起こるとヘルツルは格別の衝撃を受けた。

というのも当時ヨーロッパで暮らしていたユダヤ人の大半がそうであったように、彼自身もまた、フランス共和国はユダヤ人の同化が可能な国であり、ポグロムを避けて身を寄せることのできる安全なよりどころであると思っていたからだ。

　1895 年の終わりには、もはやヨーロッパのどこにもユダヤ人の安住の地はないとヘルツルは考えるようになっていた。「ユダヤ人国家」を構想し、入植先としてはアルゼンチンかパレスチナを候補として考えていた。

　強調しておかなければならないのは、**バーゼルで体制化した政治的・民族主義的シオニズムは、中央ヨーロッパの敬虔なユダヤ教徒のコミュニティで生まれたのではない**ということだ。**最初の提唱者たちはむしろ、礼拝にも行かないような都市部の教養人たちで**、ヘルツルはその典型だった。

　シオニストたちが自分たちの理想郷を思い描いていたのと同じ時期、同じ階層で社会主義やそれに共鳴する思想が隆盛した。

　議論は 1905 年まで続くことになるが、1897 年 8 月 30 日に開催された第 1 回シオニスト会議で採択された文書の冒頭に「シオニズムの目標はユダヤ民族のための、法によって保障され、公に承認されたユダヤ民族の故郷をパレスチナに建設することである」とあるように、未来のユダヤ人国家の場所の選定は揺るぎないものであるようだった。

　それ以来、ヘルツルの政治的構想は、彼自身は敬虔な信者でも宗教家でもなかったにもかかわらず、聖書的・預言者的な響きをはっきりと帯びるようになった。1904 年に他界したヘルツルは政治的シオニズムの創始者でありながら、この構想の実現を自分の目で見ることはなかった。ヘルツルがよくモーセにたとえられるのはこの早すぎた死ゆえであり、モーセもまた聖地に辿り着くことなく命を落としている。

　しかし、シオニズムの構想の複雑さと曖昧さを理解するためには、ある基本的な事実を付け加えなければならない。それは、**1897 年のシオニスト会議は、離散したユダヤ人のパレスチナへ**

の帰還を推奨した最初の機関などではなかったということだ。

17世紀から、福音派のプロテスタントは、イギリスやアメリカの植民地において、彼らにとって身近なユダヤ人たちに聖地への帰還を促してきた。**この原始シオニズムは何よりも宗教的なメシア待望に基づくもので、終末論的な側面が強く、時の終焉を見据えていた。**この傾向は19世紀初頭になってもなお強力だった。そのため、1799年にナポレオンがパレスチナに入ったとき、ヨーロッパの報道に真っ先に広がったのは、ナポレオンがパレスチナにユダヤ人の王国を復活させるためにやってきたという出鱈目なニュースだった！

したがって、シオニズムという思想ははるか昔から存在していたが、ロシアや中央ヨーロッパでポグロムが多発するにつれて、より実利的で現実主義的な計画となり、宗教的な要素は薄れていったが、メシア待望の要素は紛れ込んだまま残っており、今日あれほどの暴力性をもって突如戻ってきたのがまさしくそれだ。統一的な主義主張になる前のシオニズムは複合的な運動の集まりであったが、これらの運動は19世紀末にはヘルツルが1896年に『ユダヤ人国家』で掲げた政治的構想を中心にして収斂していった。

ドレフュス事件

バーゼル会議から2年後の1899年、テオドール・ヘルツルは、自分をシオニストにしたのはドレフュス事件だと述べた。この発言にはその後、歴史家が色々な含みを持たせてきたが、1894年と1899年にアルフレッド・ドレフュス大尉が受けた裁判と有罪判決により、ユダヤ人解放の地としてのフランスの地位が危うくなったのは確かである。

　1894 年末、アルザス出身でユダヤ教徒の将校ドレフュスは、敵国ドイツとの内通で軍法会議から有罪判決を受けた。1895 年初頭、ドレフュスが軍籍を剝奪され、ギアナで投獄されたことは物議を醸さなかった。

　ドレフュス事件が大きな事件に発展したのは 1898 年、ドレフュスに着せられた罪を犯した真犯人、フェルディナン・ヴァルザン・エステルアジが無罪判決を受けた時だった。エミール・ゾラがこのとき発表した「私は弾劾する」と題した公開状は大きな反響を呼んだ。ゾラのこの派手な立ち回りは、1895 年以来ドレフュスの一族と初期の支持者たちが用いてきたもっと控えめなやり方と対照的なものだった。

　また、ドレフュス事件以前から存在していた反ユダヤ主義的言説が、断固反ドレフュスの立場をとる報道機関の躍進やユダヤ人排斥を訴える国民主義者による激しいデモの増加によって大幅に増大したのも 1898 年のことだった。司法レベルでは、ドレフュスの再審が行なわれ、刑は軽くなり、その後、大統領の特赦により釈放された。最終的に、破棄院は 1906 年、ドレフュスの有罪判決を完全に取り消した。

ポグロム

　19 世紀末にフランス語がロシア語から借用した言葉で、当時ヨーロッパで多発していたユダヤ人社会に対する殺人暴動を指す。ロシア帝国では、1881 年 3 月 1 日の皇帝アレクサンドル 2 世の暗殺後にポグロムの第 1 波が始まり、1884 年まで続いた。

19世紀末と20世紀初頭の
ヨーロッパにおける反ユダヤ主義
1881–1914年

1897 年、ユダヤ人の民族的郷土の創設を呼びかける第 1 回シオニスト会議

・マンチェスター
・ロンドン
ドイツ帝国
リガ
・ノヴゴロド
パリ・
ベルリン・
ヴィリニュス
・マドリード
ワルシャワ
・リスボン
バーゼル
ウィーン
ミンスク
モスクワ
オーストリア＝ハンガリー帝国
キエフ
ローマ・
ロシア帝国
アルジェ・
・ベオグラード
チュニス・
トリポリ
イスタンブール
アテネ・
地中海
オスマン帝国
ダマスカス
・エルサレム
・カイロ
バグダッド
ペルシャ帝国

・ 1881 年から 1914 年にかけてのポグロム

◯ ロシア帝国

◯ ロシア帝国でユダヤ人に強要された「定住地域」

→ 1881 年から 1914 年にかけての第一次、第二次アリーヤー

◯ 第一次世界大戦終結後のオスマン帝国

出典：Christian Grataloup (dir.) et Charlotte Becquart-Rousset, *Atlas historique mondial*, Les Arènes, 2023

Q 1897 年以前にもパレスチナにはユダヤ人コミュニティが存在していたか。存在していたならば、ユダヤ人たちの暮らしぶりはどのようなものだったか。

A　1882 年、パレスチナに住んでいたユダヤ人は 2 万 4 千人、総人口 50 万人の 5％にも満たなかった。なお、当時のオスマン・トルコ政権下で、一般的に使われていた「パレスチナ」という地名には、政治的な意味合いはなかった。

　また、ヨーロッパ人の目にはしだいに戦略上重要になってきたエルサレム地方が、1872 年からイスタンブールの直轄領となったことも、エルサレムの機能的・象徴的な中心性が強まる一因となった。

　1517 年以降、オスマン帝国は、ユダヤ教にとって特に重要なパレスチナの 4 都市、エルサレム、サフェド、ティベリア、ヘブロンを支配していた。族長たちの墓所があるヘブロンは、エルサレムと同様、三大一神教の創成にまつわる聖地である。聖書時代の痕跡が残るこれらの都市からユダヤ人コミュニティが姿を消したことは一度もない。シオニストの計画が発展する以前からパ

ユダヤ人 5％ →
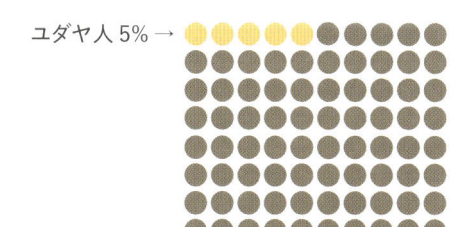
← 95％ アラブ人（イスラム教徒、キリスト教徒、ドルーズ派）

1882年時点でのパレスチナの人口構成

レスチナに存在していた「旧イシューブ」と呼ばれるユダヤ人コミュニティはこれら4つの都市に主に集中していた。

　サフェドに小さなユダヤ人コミュニティが存在したことは、マムルーク朝時代（1250年〜1517年）、オスマン朝時代（1517年〜1917年）のそれぞれで証明されており、オスマン朝時代の記録にはエルサレムやヘブロンのユダヤ人が都市のコミュニティにうまく溶け込んでいたことが記されている。

　よく覚えておかなければいけないのは、1880年以降、シオニストの計画とその実現には本質的な緊張が伴っているということだ。日和見的でしばしばまとまりのない現地での入植活動を基盤にしながら、国際法による承認を得るために統率と体制化の形式を必要としていた。この根源的な緊張は今日でもまだ続いている。

　1880年代からイスラエルの建国までにパレスチナに移り住んだユダヤ人のコミュニティは「**新イシューブ**」と呼ばれるグループになる。1897年まではまだ、ポグロムから逃れるために聖地を目指した信心深いユダヤ人が中心だった。

　彼らの移住は、ユダヤ人国家建設の計画の政治的な表明に先立つものだったが、国家構想としてのシオニズムの出現に大きく寄与することになった。実際、シオニズムは当初は連携のとれていなかった現地での先行入植を糧として成長した。これらの先行グループは多くの場合、**イデオロギー的にも宗教的にもまとまった展望を共有していなかった。**

シオニズムのほうでユダヤ民族主義の高まりが著しかった19 世紀末、アラブの民族主義も同様に出現しつつあったのだろうか。

　シオニズムによるユダヤ民族主義と並行して、19 世紀末にはアラブ民族主義も台頭した。何よりもまずオスマン・トルコ政府に対抗して生まれたもので、これは中央・東ヨーロッパの民族主義が、複数の民族、複数の言語、そして複数の宗教を支配する諸帝国の正当性に異議を唱えて始まったのとよく似ている。

　ヨーロッパの国民国家モデルを自国にも適用することを求めた一部のアラブ民族主義者は「大シリア」の創設を求めたが、その輪郭は曖昧なままだった。同時に、パレスチナの都市部のブルジョワジーの間で、独自の「民族意識」が発展しつつあった。**当時のアラブ民族問題をめぐる議論では、宗教的な側面は完全に二次的なものだった**ということは強調しておかなければならない。

　というのも、**パレスチナの民族主義者のなかにはキリスト教徒が大勢いただけでなく、パレスチナではスンナ派イスラム教徒とシーア派イスラム教徒の大きな対立がなかった。**エジプト、レバノン、シリア、パレスチナのアラブ人のほとんどがそうであったように、イスタンブールから帝国を率いていたトルコ人たちもスンナ派のイスラム教徒だったからだ。

スンナ派とシーア派

　シーア派は預言者ムハンマドの後継者になれるのは娘婿であるアリーの一族だけであるとの主張でスンナ派と区別される。圧倒的多数派であるスンナ派は、預言者の言行（スンナ）のすべてがコーランに次ぐイスラム法の主要な典拠であると主張している。

スンナ派は 1517 年以来オスマン帝国の公式宗教だった。1924 年まで、スルタンは預言者ムハンマドの正当な後継者であるカリフとしてスンナ派に認められていた。

 今日のイスラエルとパレスチナの対立は、何よりもまず宗教的対立だという印象を受ける。19 世紀末にはそうではなかったということか。

　そのとおり。当時生まれつつあった民族意識の中で、信仰の側面は完全に副次的な側面だった。その好例がアルベール・アンテビだ。ダマスカス生まれのアラブ系ユダヤ人で、1896 年から AIU の学校の校長を務めたアルベール・アンテビはシオニストの計画に真っ向から反対した。それどころか、オスマン帝国に忠誠を誓った。というのも、彼によれば、**オスマン帝国はパレスチナに集まっている様々なコミュニティどうしの良好な関係を保障することのできる唯一の国家**だったからだ。

　エルサレムの名士でシオニズムに懸念を示していたのはアンテビだけではなかった。ユシフ・ジア・アル・ハリディもまた、早くから同じような認識を持った人物の一人だ。

　1870 年代にエルサレム市長、のちにエルサレム選出の帝国議会議員を務めた彼は、1899 年 3 月 1 日、フランスの主席ラビ、ザドク・カーンを介して、テオドール・ヘルツルにフランス語で長い手紙を書いている。

　ユダヤ人とアラブ人を歴史的に結び付けてきた類似性を強調しつつも、ハリディはヘルツルの国家構想がもたらすかもしれない軋轢を懸念し、その計画は失敗に終わるだろうと考えていた。「現実とはパレスチナがいまオスマン帝国の一部であるということ、さらに深刻なことにはこの地にはイスラエルの民以外の居住者がいるということです。この現実、この既成事実、状況の持つこの容赦ない力によって、シオニズムには、地理的に、実現の望みが一縷もありません」

カーンが速やかにヘルツルに渡したハリディの手紙は以下のように締めくくられている。「後生ですから、パレスチナをそっとしておいてください」。

　ウィーンにいたヘルツルもまたフランス語で、ハリディに返事を書いた。シオニストがオスマン帝国に求めるのは「帝国に知性と金融の才と企業力をもたらす一定数のユダヤ人」の移住を許可してほしいということだけだから心配には及ばないとヘルツルはハリディに書いている。自らの政治的・国家的構想を説明するヘルツルの表現は婉曲的だ。それでいてシオニストの計画と聖地への自由なアクセスと様々なコミュニティの調和のとれた共存は両立可能だと主張している。

アリアンス・イスラエリット・ユニヴェルセル（AIU）

　世界各地で迫害されているユダヤ人を支援するために 1860 年にフランスで設立されたユダヤ人団体。ディアスポラのすべてのユダヤ人に平等な権利を獲得するための外交活動を行うとともに、フランスの教育モデルに基づいてマグレブや中東に学校のネットワークを構築した。シオニストとは異なり、AIU のメンバーは、よりよい社会的統合とフランス語とフランス文化の実践によってユダヤ人が自由を獲得できると信じている。

先住ユダヤ人の存在と最初の移住者の到着によって、ユダヤ人とアラブ人の間には緊張は生まれたか。

　1910 年代初頭まで、構想中だったシオニストの計画に対する反応は懸念、認識、書状の交換程度のことで、パレスチナのユダヤ人とアラブ人の間に表立った対立や衝突が生じることはなかった。第一次世界大戦以前には、ヤッファの港でユダヤ人移民が上陸した際に起こった言い争いが 1 件だけ記録されている。

　1908 年、青年トルコ革命の数日後に起こったある出来事は、20 世紀初頭当時と現在とでは分断線がまったく異なっていたということを思い起こす材料になる。1908 年 8 月、宗教を問わない市民権を完全に保障すると約束していた新憲法を信じ、ユダヤ人の代表団がそれまでユダヤ教徒の立ち入りを禁じていたイスラム教の聖地、モスクの広場に登ることにした。彼らはダビデの星と同じ青色の大きな旗まで掲げていたが、イマームたちは熱烈に歓迎し、冷たい飲み物や甘いものを振る舞った。

　この歓待に気をよくした彼らは、次に、これまたユダヤ教徒を受け入れていなかったキリスト教の聖地、聖墳墓教会を訪れようとした。そして今度は、待ち構えていたアルメニア国教会、カトリック教会、東方正教会の修道士たちから容赦ない暴行を受けた！

　このエピソードから分かるのは、**20 世紀初頭のパレスチナではキリスト教徒の反ユダヤ主義がまだ根強く残っていたいっぽうで、イスラム教徒は身近にいるユダヤ教徒に対していかなる宗教的な先入観も持っていなかった**ということだ。しかしまさにこの危うい均衡こそがオスマン帝国の崩壊によって崩れることになるのである。

Israel

1917年

守られなかった約束

英国政府は、
パレスチナにおけるユダヤ民族のための
民族的郷土の建設を好意的に検討する

バルフォア卿からロスチャイルド卿への書簡、1917 年 11 月 2 日

Palestine

Chapter 2
1916 → 1946

アラブの大反乱 オスマン・トルコ軍に対する蜂起、イギリスが支援	**1916-1918**
バルフォア宣言 「ユダヤ人のための民族的郷土」の約束	Nov 2nd, **1917**
オスマン帝国と連合国の間で休戦協定	Oct 30th, **1918**
ヴェルサイユ条約	Jun 28th, **1919**
国際連盟（LON）の発足	Jan 10th, **1920**
エルサレムでシオニストとパレスチナ民族主義者の最初の衝突	Apr, **1920**
イギリスによるパレスチナ委任統治が正式に始まる	Sep 29th, **1923**
嘆きの壁事件（死者約250名、うちユダヤ人133名、アラブ人116名）	Aug, **1929**
パレスチナ人にとっての最初のインティファーダ	Oct, **1936-** Mar, **1939**
委任統治領パレスチナに関する3つめの白書	May 17th, **1939**
第二次世界大戦勃発	Sep 1st, **1939**
イルグンによるキング・デイヴィッド・ホテル襲撃（死者91名）	Jul 22th, **1946**

Q 1917年、イギリスはなぜ中東の将来に関して約束をしたのか？

1914年末以降、フランスとイギリスは中東に駐留し、ドイツの同盟国であるオスマン帝国と軍事的に戦っていた。1917年、両軍は優勢になり、オスマン帝国をさらに北へ追いやった。それと同時に、フランスとイギリスは次の手を用意しつつあった。戦争が終わる頃には、両大国はこの地域を2つの勢力圏に分け合いたいと考えていた。

フランスが主にシリアとレバノンに進出していたのに対し、イギリスはパレスチナを含む中東南部への進出を目指していた。フランスに先んじて、援助を取りつけるため、イギリスの外務大臣バルフォア卿は、シオニストの計画を公式に支持することに決めた。シオニスト運動に非常に熱心に関わっていた人物、ライオネル・ウォルター・ロスチャイルドに宛てた公開書簡の中で、バルフォア卿はそれを行なった。これが有名な「バルフォア宣言」であり、これによりこの新たな紛争の情勢は大きく変わった。

> **バルフォア宣言**
> 　親愛なるロスチャイルド卿
> 　私は英国政府を代表し、ユダヤ人のシオニズムの熱望に共感する以下の宣言を閣議に提出し、承認されましたので、ここにお伝えいたします。
> 「英国政府は、パレスチナにおけるユダヤ民族のための民族的郷土の建設を好意的に検討し、その目的の達成を支援するために全力を尽くす所存である。ただし、パレスチナに居住する非ユダヤ

人共同体の市民的・宗教的権利、また他のあらゆる国でユダヤ人が享受している権利および政治的地位を侵害するようなことはいっさい行なわれないということは明確に了解すべきである」

　この宣言をシオニスト連盟にお知らせいただけますと幸いです。

アーサー・ジェームズ・バルフォア

バルフォア宣言はただの戦略にすぎなかったのか。

　そんなことはない。バルフォア卿は「クリスチャン・シオニズム」運動を代表する人物で、きわめて敬虔なプロテスタント信者であり、とても信心深く、シオニストの計画を心の底から支持していた。しかし、彼は慎重に、国家という言葉を使わず、「民族的郷土」という言葉を選んだ。

　パレスチナに移住してくるディアスポラのユダヤ人の権利を支持すると宣言しただけで、この「民族的郷土」という概念が何を意味するのか、明確には述べなかった。

　オスマン・トルコの敗戦後、ユダヤ人コミュニティは主権者として領土を所有するのか？　その領土は未来永劫彼らのものなのか？　ユダヤ人の国籍はパレスチナの他の住民たちと同じ国籍になるのか？　これらすべての問いに、バルフォア宣言は意図的に答えを出さなかった。

　イギリスにとって、この約束は何よりもまず、シオニスト機構に接近し、**アメリカ国内のユダヤ人がアメリカの参戦を支持するように仕向けるための手段**であった。

　シオニストにとっては、イギリスと親密になったというだけでなく、ドイツと疎遠になったことでイデオロギーの面で大きな影響があった。

　第一次世界大戦が勃発する前、シオニスト機構はドイツと強い繋がりを持っており、その本部はベルリンにあった。中欧や東欧出身のシオニストの第一世代の多くに影響を与えていたのは、ドイツ的な民族主義の発想で、「民族」と「血統主義」の概念に立

脚していた。

　同じ頃、フランスは同化と生地主義に基づくナショナリズムを掲げており、第三共和政時代のフランスにシオニストがほとんどいなかったのにはそのことが関係している。

　当時、フランスの市民権を持つユダヤ人の大多数は、自らを完全な権利を持ったフランス国民の正式な一員であると認識していたが、同時に「イスラエル信徒」であり続けた。「イスラエル信徒」というのは、ユダヤ人という出自が持つ国家的あるいは原国家的な側面を前面に出さないために当時用いられていた表現だった。

　特にその傾向が強かったのは、フランスの知的・政治的エリート層に属していたユダヤ人有力者たちだった。

1916年から1918年にかけて
オスマン帝国で起こったアラブの反乱

出典：Christian Grataloup (dir.) et Charlotte Becquart-Rousset, *Atlas historique mondial*, Les Arènes, 2023

バルフォア宣言はユダヤ人国家の創設には触れていなかったにもかかわらず、シオニストたちがこれを歓迎したのはなぜか。

　1917 年 11 月、シオニスト機構はバルフォア宣言を頼もしい約束と受け止めることに決めた。詳細ははっきりしなかったが、パレスチナにおける「民族的郷土」は、1897 年以来建設を目指してきた国民国家に向けた積極的な第一歩であるように思われた。つまりシオニストたちがイギリスに接近したのは、何よりも実利主義からだった。というのも、イギリス軍は中東での戦争に勝利しつつあったからだ。

　1920 年、シオニスト機構は本部をロンドンに移した。このようにイギリスと親密な関係を結んだからといって、シオニストの指導者たちが、イギリスの本音は別にあるということを知らなかったわけではない。

　イギリスが第一次世界大戦の間じゅうずっと、中東でアラブ人には独立を、ユダヤ人には民族的郷土を約束するという、筋の通らない政策を推し進めていたことを知っていた。

Q 第一次世界大戦中、イギリスはなぜ中東で二枚舌外交を行なったのか。

イギリスがこのような二枚舌外交を行なうに至ったのは戦略的な理由からだ。1915 年、イギリスはオスマン帝国南部に新たな戦線を開こうとしていた。そのためアラブ諸部族には、トルコが戦争に敗れた後、彼らがふたたび独立し、一大統一王国を建設することができると約束した。この約束を各部族の長に伝えたのは、アラビアのロレンスの名で知られるイギリス人将校、トーマス・エドワード・ロレンスだった。イギリスの支援を受けた**メッカのシャリーフ**は、1916 年 6 月、アラブの大反乱の開始を宣言した。

しかしバルフォア宣言のことを知ると、メッカのシャリーフは同盟関係にあるイギリスに説明を求めた。というのもユダヤ人の民族的郷土の建設は、シリアからイエメンまで続く広大なアラブ国家という彼の構想と相容れないものだったからだ。

実のところ**イギリスは「大シリア」の概念がアラブの民族主義者たちの間で統一されていないことを利用した**のだった。そのおかげで、首長たちの間に存在するかもしれない対立を巧みに利用しつつ、アラブ諸国に対して具体的なことまできっちりと約束しないで済んだのである。

メッカのシャリーフ

イスラム教において「シャリーフ」という語は、預言者ムハンマドの子孫を意味する。シャリーフの中でもメッカのシャリーフは、イスラム教の二大聖地、メッカとメディナを管理する役目を持っていた。970 年から 1925 年までメッカのシャリーフを代々務めてきたハーシム家は、現在のヨルダン王国の王室となっている。

**第一次世界大戦後、国際社会がそこまでパレスチナ問題に
肩入れしたのはなぜか。**

　連合国側の列強は、自分たちが打破した中欧のオーストリア・ハンガリー帝国や中東のオスマン帝国の保護下にあった諸地方の処遇について決断を下さなければならなかったからだ。

　1919 年以降、パレスチナは国際社会において、なかでも英仏の対立関係において、中心的な焦点になりつつあった。エルサレム攻略にはフランスも参戦していたにもかかわらず、和平交渉ではイギリスがパレスチナに対する独占的信託統治権を獲得することに成功した。

　1919 年 6 月、ヴェルサイユ条約によって創設された国際連盟（LON）はこうして、今日まで続くイスラエルとパレスチナの対立が生じるもととなった状況を決定的なものにしてしまった。1920 年には、国際連盟はイギリスにパレスチナに対する国際委任統治権を与えることを決定した。イギリスは国際社会から、パレスチナが独立する準備が整うまでの統治を任された。

　しかし当初、イギリスは非常に慎重だった。1917 年 12 月 11 日、アレンビー将軍は、エルサレムに入城すると直ちに聖地周辺の現状維持を宣言した。「私は、前記の 3 つの宗教のいずれに属する神聖な建造物も、記念碑も、聖地、神殿、史跡、基金、宗教的遺贈、または日常的な祈りの場もすべて、既存の慣習、および、これらの場所を神聖視する人々の信仰に従って維持され、保護されるものと宣言する」。

　これによってイギリスは、約束を交わした様々なコミュニティと親密でいることができた。

　1920 年以降、国際連盟の使命は、自由貿易、軍縮、公開で行なう集団交渉による紛争解決、民族自決権など、ウィルソンの十四カ条の実践にあった。1920 年代にいくつかの成功を収めたものの、連盟は 1930 年代の国際危機を抑制する手段を持っていなかった。また、植民地の諸民族の自決と独立を可能にすることもできなかった。

英仏の委任統治下の中東
1920−1923年

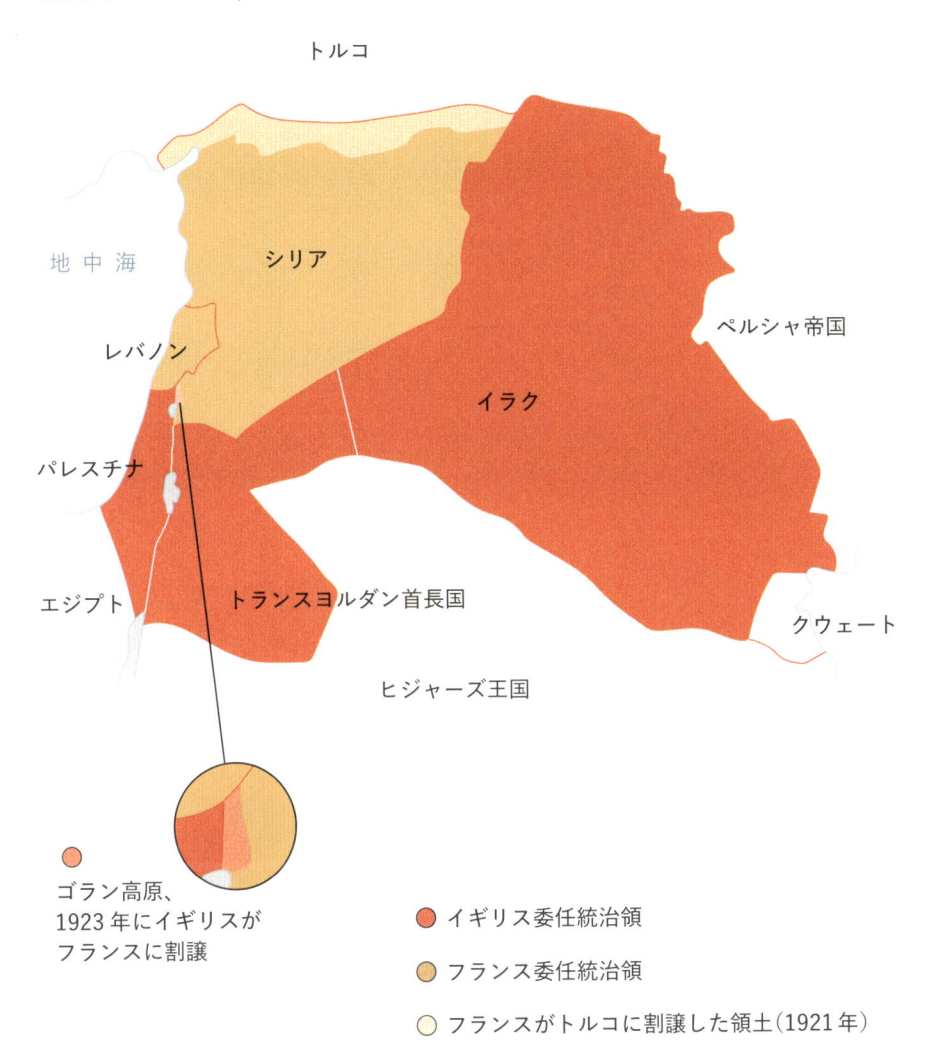

トルコ

地中海

シリア

ペルシャ帝国

レバノン

イラク

パレスチナ

エジプト

トランスヨルダン首長国

クウェート

ヒジャーズ王国

ゴラン高原、
1923年にイギリスが
フランスに割譲

● イギリス委任統治領

● フランス委任統治領

○ フランスがトルコに割譲した領土（1921年）

北

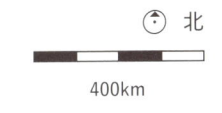

400km

出典：Christian Grataloup (dir.) et Charlotte Becquart-Rousset,
Atlas historique mondial, Les Arènes, 2023

1923 年に国際連盟が作成したパレスチナ委任統治決議案の矛盾点とは何か。

　矛盾点は 2 つある。パレスチナ委任統治決議の前文はイギリスに「パレスチナにおけるユダヤ人以外のコミュニティの市民的・宗教的権利を損なうことは一切しないと了承したうえで、宣言を実行し、ユダヤ人の民族的郷土をパレスチナに確立する」責任を課した。この決議はじつは原理と実践で二重の矛盾をはらんでいる。

　第一の矛盾。第一次世界大戦と**ウィルソンの十四カ条**から生まれた新しい国際法の観点からは、国際連盟は「民族自決権」を保障することになっていた。したがって、すべての民族は、そう望めば民族国家を創設できるはずであった。

　しかし、国際連盟の委任統治決議によって実施された国際的な信託統治は、**実際のところ、新植民地主義によく似た形態だった。**ロンドンでは、1923 年から 1948 年にかけて、委任統治領パレスチナに関する決定は植民地省が下していた。

　第二の矛盾。**委任統治が始まらないうちから、委任統治領にはすでに 2 つの民族が居住していた。**そして「民族的郷土」を約束されたユダヤ民族は圧倒的少数派だった。

　1914 年のパレスチナには 60 万人のアラブ人（イスラム教徒とキリスト教徒）が居住していた。いっぽうユダヤ人は 6 万人、つまり総人口の 10％にも満たなかった。その後、移民の波が人口統計学的な力関係を徐々に変化させていったものの、決して逆転することはなかった。

　1945 年のパレスチナでは、住民の 70％がアラブ人、30％がユダヤ人だった。これら 2 つの矛盾が重なり合うことで、イギリスは常に出来事に翻弄される不安定な立場に追い込まれた。さらに、しだいに激しさを増すシオニストとパレスチナの民族主義者の運動にも直面していった。

ウィルソンの十四カ条

　1918 年 1 月 8 日、ウィルソン大統領は、ヨーロッパでの戦闘が終結した後、恒久的な国際平和への回帰を保障する十四カ条を米国議会に提示した。ウィルソンの計画は、一般原則（秘密外交の廃止、自由貿易の発展など）と、ヨーロッパ大陸の全民族の自決を保障するようなヨーロッパ国境の再編成の両方に基づいていた。

パレスチナの民族主義者とユダヤ人民族主義者が最初に衝突したのはいつか。

　バルフォア宣言を裏切りとみなしたパレスチナの民族主義者たちは、シオニストの計画に反対して立ち上がった。**1920 年 4 月、パレスチナの民族主義者の一部がエルサレムでユダヤ人自衛民兵と初めて衝突し、「ナビー・ムーサ暴動」**として知られるようになった。

　ナビー・ムーサとは、イスラム教で預言者モーセ（アラビア語で「ムーサ」）の墓があるとされているエリコ近郊の地域である。また、エルサレムのモスク広場から毎年行進する行列の終点でもある。

　1920 年の祝祭は平穏に始まったが、4 月 4 日から 7 日にかけてエルサレム旧市街で暴動が発生した。第一次世界大戦中にイギリスの旗の下に入隊した旧ユダヤ軍団のリーダー、ウラジーミル・ジャボチンスキーは、武器を手にイスラム教徒のパレスチナ人と戦うため、自衛グループを派遣することを決めた。

　1920 年の暴動後、ジャボチンスキーは「修正主義シオニズム」と呼ばれるものの中心人物としての地位を確立した。ジャボチンスキーによれば、文化的シオニズム、宗教シオニズム、労働シオニズムは、パレスチナのアラブ系住民の敵意の高まりにもはや対処できなかった。彼の見解では、シオニズム運動は今こそ武装し、戦いに備えなければならなかった。

　両大戦間期の独裁体制に心酔していたジャボチンスキーは、当時のシオニスト機構で主流だった人道主義的シオニズムにきっぱりと背を向けた。今日でも、彼はイスラエル右派の守護神的な人

物であり、ベンヤミン・ネタニヤフ首相に霊感を与え続けている。これは偶然などでなく、ベンヤミン・ネタニヤフの父で、ムッソリーニを熱烈に崇拝していたベンシオン・ネタニヤフは、1930年代にジャボチンスキーの個人秘書を務めていた。

ウラジーミル・ジャボチンスキー（1880‒1940）

　　　　ロシア帝国のオデッサで生まれたジャボチンスキーは、ジャーナリズムを学んだ後、1903 年にシオニスト運動に加わった。1915 年以降、中東でイギリスの後方支援に参加し、1917 年にはイギリス軍にかけあってユダヤ人義勇兵の大隊を 5 つ創設した。戦争終結後、ユダヤ人部隊の解散に失望した彼は、ユダヤ人自衛団を組織し、1920 年4 月にエルサレムで起こった暴動でパレスチナの民族主義者たちと衝突した。短期間の獄中生活を経て、1921 年にシオニスト機構の指導部に加わるが、1923 年には脱退した。というのも彼はパレスチナでシオニズムを認めさせるには武力と暴力以外の方法はないと断言していた。1925 年に彼が結成した修正主義政党はヨルダン川両岸にユダヤ人国家を建設することを求め、社会主義よりも経済的自由主義を主張した。1929 年にパレスチナから追放されたが、ニューヨークで政治活動を続け、この時彼を手助けしたのが個人秘書のベンシオン・ネタニヤフ、つまりベンヤミン・ネタニヤフの父である。

Q 委任統治期間中、ユダヤ人コミュニティは土地を直接購入することができたか。

　オスマン帝国時代は、ほとんどのユダヤ人がパレスチナで土地を買う権利を持たなかった。ユダヤ人はオスマン帝国の市民ではなかったからだ。したがって土地を手に入れたい時には名義を貸してもらう必要があった。

　委任統治領パレスチナでは土地法が緩和された。それでもユダヤ人組織は集団名義で土地を購入し続けた。イギリスによる委任統治が間もなく終了する 1947 年の時点で、ユダヤ人が所有していた土地の面積は、個人名義と集団名義の両方を合わせてパレスチナ全土のおよそ 8% と推定されている。

パレスチナの民族主義が民衆運動になったのはいつ頃のことか。

　1920 年代は、1920 年 4 月のナビー・ムーサ暴動から 1929 年 8 月の嘆きの壁事件に至るまで、パレスチナ民族運動の胎動と成熟の時期であった。

　イデオロギーの構築は 1919 年以降定期的に開催されていたパレスチナ・アラブ会議を通して行なわれた。欧米の歴史観では、最初のインティファーダは 1987 年だが、パレスチナの歴史観では、最初の民衆蜂起（アラビア語でインティファーダ）は 1936 年から 1939 年までの間に起こったものである。

　のちに、エルサレムの大ムフティー、ハジ・アミン・アル・フセイニも参加したが、もともとは村人や農民が中心となって起こした運動だった。ケフィエがパレスチナの民族主義を象徴するようになったのはこの時である。この**最初のインティファーダによって、パレスチナの民族主義はもはや都会に住むブルジョワ階級のエリートだけのものではなく、土地を守ろうとする農民たちによっても構成されるようになった。**

　この最初のインティファーダは、今日ハマスの部隊のいくつかがその名を冠している、イッズディーン・アル＝カッサームというアラブ民族主義指導者の死が発端となって起こった。このときの民衆蜂起はとりわけ規模が大きく、長期にわたって続いた。かくして 1938 年、反乱軍はエルサレム旧市街全体を支配した。

　エルサレムの主だった大きな建物にはパレスチナの旗が掲げられた。この旗は現在のパレスチナの旗と色も形も同じだったが、ただひとつ、赤い三角形の中に十字架と三日月が一緒に描かれているところだけが現在と異なっていた。これは 1930 年代にはま

だ、パレスチナの民族主義が諸宗派共同の要素の強いものだったことの表れである。この民衆蜂起は、パレスチナのキリスト教のエリート信者たちも非常に深く巻き込んでいたが、イギリス軍によって容赦なく鎮圧されることになる。

第一次インティファーダで使用された
パレスチナの旗 1936 年〜 1939 年

ケフィエ

　パレスチナのナショナリズムの象徴となる前のケフィエは、もともとは農村の人々が着用していたスカーフだった。

ハジ・アミン・アル・フセイニ（1895-1974）

　エルサレムの大ムフティーを何人も輩出した名家に生まれたアル・フセイニは、第一次世界大戦後、アラブの民族主義者たちが中東への委任統治の導入に抗議して反乱を起こすと、これに加担した。1920 年に赦免され、エルサレムに戻った彼を、イギリスは大ムフティーに任じた。1936 年のアラブ反乱に関与したことで、1937 年、イギリスにより行政職を解任され、パレスチナを去った。第二次世界大戦中は、ファシスト政権下のイタリアとナチス政権下のドイツに滞在し、イギリスに対するジハード（「聖戦」）を呼びかけた。パレスチナの民族主義運動の中で、アル・フセイニが 1936 年か

ら率いていたアラブ最高委員会は、1948 年から 1949 年にかけて
のアラブ諸国の敗北の後、孤立していった。

イッズディーン・アル＝カッサーム（1882‐1935）

　　　　シリアに生まれたイッズディーン・アル
＝カッサームは、カイロ留学中に見聞きし
たエジプトの民族主義者たちの活動に感
銘を受けた。第一次世界大戦後、シリアの
反乱軍に加わってフランス軍と戦った後、
パレスチナに逃れた。ハイファを拠点に、
パレスチナの民族主義者たちに行動を促
し、ユダヤ人移民に対する暴力的な活動を
秘密裏に取り仕切った。1935 年 11 月 12 日、イギリスに対する
ジハードを宣言した時には、数百人の信奉者が支持を表明してい
た。彼の死をきっかけにハイファで行なわれたゼネストは、1936
年から 1939 年までのインティファーダの先触れとなった。1991
年、ハマスの軍事部門が「イッズディーン・アル＝カッサーム旅
団」という名称で創設された。

**委任統治時代、イギリスはアラブの民族主義者たちよりも
シオニストたちとのほうがより親密だった？**

　間違いなくシオニストたちとより親密で、それには文化的、イデオロギー的、戦略的な理由があった。しかし 1939 年、イギリスは最初のインティファーダを非常に多くの民衆が支持したという事実を受けとめた。

　そしてパレスチナへのユダヤ人の移住を大幅に制限することで、パレスチナの民族主義者の要求の一部に応えようとした。これが 1939 年にイギリス政府が発表した白書の目的だったが、この白書が出されたのはこともあろうに、ナチスがドイツで政権を握って以来、ヨーロッパのユダヤ人たちが未曽有の迫害に直面していた時期であった。

　この白書は、委任統治時代のイギリスの政策が、シオニストとパレスチナ民族主義者の目的の間で、明確な方向性もなく、出来事に応じて揺れ動いていたことを証明している。同じ時期に起こったユダヤ人によるテロリズムも、シオニズムとイギリスの自然で自発的な親密さのイメージを変えてしまった。

　1946 年 7 月 22 日、エルサレム旧市街から数十メートルの、パレスチナの英国警察本部として使われていたキング・デイヴィッド・ホテルの 3 分の 1 が爆弾テロで崩壊した。死者は 91 人で、国籍は様々だった。このテロ攻撃はメナヘム・ベギンによって計画された。

　ジャボチンスキーの思想に親しんだメナヘム・ベギンは、武装組織イルグンの主要メンバーだった。彼は 1977 年から 1983 年までイスラエル首相を務めることになる。

　パレスチナの民族主義者とユダヤ人の地下反乱分子の間で、双

方のあまりに激しい暴力性に辟易して、イギリスはついにパレスチナの委任統治を放棄した。第二次世界大戦が終わると、イギリスはこの問題を、1944 年に国際連盟の後を引き継いだ国際連合（UN）の枠組の中で、改めて審議するよう国際社会に公式に要請した。

白書

委任統治領パレスチナにおける政策全般を示すため、イギリス政府は 1922 年、1930 年、1939 年と、相次いで 3 つの白書を発表した。

イルグン

1920 年に創設されたユダヤ人自衛民兵組織ハガナーの元メンバーによって 1931 年に創設された秘密武装組織。ハガナーがシオニスト左派に率いられていたのに対し、イルグンはジャボチンスキーの修正主義党と繋がっていた。イルグンはアラブ人に対する穏健主義を拒絶し、委任統治当局との協力を拒否した。不法移民を組織し、英国やパレスチナの民間人に対する殺傷テロを実行することで、1939 年の白書に異議を唱えた。

Israel

1947年

分割と怒り

独立アラブ国家および独立ユダヤ国家（中略）は、
委任統治国の軍隊の撤退が完了した2カ月後、
パレスチナに誕生するものとする

国際連合決議 181 号、1947 年 11 月 29 日

Palestine

Chapter 3

1944 → 1964

ナチス絶滅収容所の解放	1944-1945
国際連合設立	Oct 24th, 1945
難民船エクソダス1947号事件	Jul, 1947
イギリスの委任統治終了、イスラエル独立宣言	May, 1948
第一次中東戦争が始まる	May 15th, 1948
パレスチナ人初の脱出（ナクバ、難民75万人）	1948
エルサレムでヨルダンのアブダッラー国王が暗殺される	Jul 20th, 1951
イラクを西側諸国と結ぶバグダッド条約に対抗して、ソ連がエジプトとシリアへの武器供給を開始	1955
スエズ危機	Oct 29-Nov 7th, 1956
アラブ連合共和国（UAR）建国	Feb, 1958
クウェートでファタハ設立	1959
エルサレムにパレスチナ解放機構（PLO）設立	May 28th, 1964

なぜ1947年11月がイスラエルとパレスチナの紛争にお
いて鍵となる時期だったのか？

　1947年初頭、イギリスはパレスチナの委任統治を放棄した。
同年11月、国連総会は委任統治領を2つの独立した国家に分割
する計画に賛成票を投じた。設立から2年後、これがこの新し
い国際組織による最初の重要な決定であった。

　国際連盟の場合と同様、国際連合でもパレスチナ問題は当初か
ら生じていた。したがって、**イスラエルとパレスチナの紛争は国
際連合の歴史と密接に関係している。**

　このことは、国際連合がこの問題に今日これほど深く関わって
いる理由を説明するのに役立つ。

Q ショアのトラウマは、国際社会が提案した解決策に何らかの影響を与えただろうか？

それは間違いない。第二次世界大戦後、イギリスは 1939 年の白書の勧告に従い、パレスチナへのユダヤ人の移住を制限し続けた。それと時期を同じくして、亡命したユダヤ人や絶滅収容所から生還したユダヤ人が何十万人も、ヨーロッパの難民キャンプに滞留していた。多くのユダヤ人が安全を求めて中東へ移住する権利を主張していた。

1947 年 7 月、イギリス海軍は、エクソダス 1947 号で密航した 4,500 人のヨーロッパ系ユダヤ人のパレスチナへの上陸を強硬に阻んだ。ユダヤ人たちはヨーロッパへ強制送還され、このことが物議を醸した。これは、イギリスが保持していた移民政策と、ショアの後に亡命したユダヤ人の問題との間に、大きな隔たりがあったことを物語っている。

ユダヤ人難民の運命は、1945 年以降、国際レベルでパレスチナ問題が再検討される際に重要な役割を果たした。

Q 国際連合はこの問題をどのように解決しようとしたのか？

　国連パレスチナ特別委員会（UNSCOP）は 1947 年 9 月の報告書で、「パレスチナ問題」について 2 つの解決策を提案した。多数派が提案したのは、旧委任統治領を 2 つの国家、つまりユダヤ人の国家とアラブ人の国家に分割するというものだった。

　いっぽう、ユダヤ人とアラブ人の混住状態を考慮して、委員会内の少数派が提案したのは、2 つの民族で構成される連邦制国家の設立だった。

　つまり、現在提案されているような、イスラエルとパレスチナの紛争を二民族国家の建国によって解決しようという考えは昔からあったのだ！　1947 年 11 月、シオニスト諸団体からの圧力を受けて、国際連合は 2 つの国家に分割する提案だけを総会に提出し、採決を求めた。

　国連パレスチナ委員会（UNSCOP）は、分割案の作成にあたり、ユダヤ人居住区域とアラブ人居住区域を、両国の将来の主権区域と一致させようとした。

　その結果、地図はパズルさながら、複雑すぎて実現しそうもない分け方になった。

　分割後のユダヤ人国家の中心は、テルアビブからハイファまで続く海岸沿いの平野である。ここは 19 世紀末以来、ユダヤ人移民が繰り返し到来した場所で、初期の**キブツ**やユダヤ人入植地が集中していた。分割後のユダヤ人国家には、ネゲヴ砂漠と、ガリラヤ地方の東部、つまりティベリアス湖の周辺地域も含まれており、以上 3 つの区域は 2 つの通過地点で繋がっている。

　この分割案が提案するアラブ人国家も3つの区域に分かれて
いるが、これら3つの区域もほとんど連続し合っていない。ガ
ザ周辺の臨海区域とパレスチナ中央区域を結ぶ通過地点、そして
中央区域とガリラヤ西部を結ぶ通過地点があるだけである。

　これら3つの区域に加え、海沿いの都市ヤッファが飛び地に
なって加わる。

　エルサレムとその近郊、そして周辺のすべての聖地（ベツレヘ
ムを含む）はというと、国連パレスチナ特別委員会は、これらを
分割案から除外し、「国際管理区域」という位置づけにすること
を提案している。これはいわば、かつての委任統治時代の名残で
ある。こうしておけば、聖地に対する主権を2つの民族共同体
のどちらか一方だけに帰属させないで済む。

キブツ

　20世紀前半、「キブツ」という言葉は、自給自足を目指す農業
共同体の一形態を表していた。当時、キブツの構成員は住居も土
地も所有していなかった。社会主義的な信念から、彼らは完全な
集団生活を送ることを選択した。労働シオニズムと結びついたキ
ブツは、1948年以降イスラエルで増加し、一部は産業活動に転向
した。

1947年に国際連合が提案した
2つの計画

第一の選択肢：連邦二民族国家

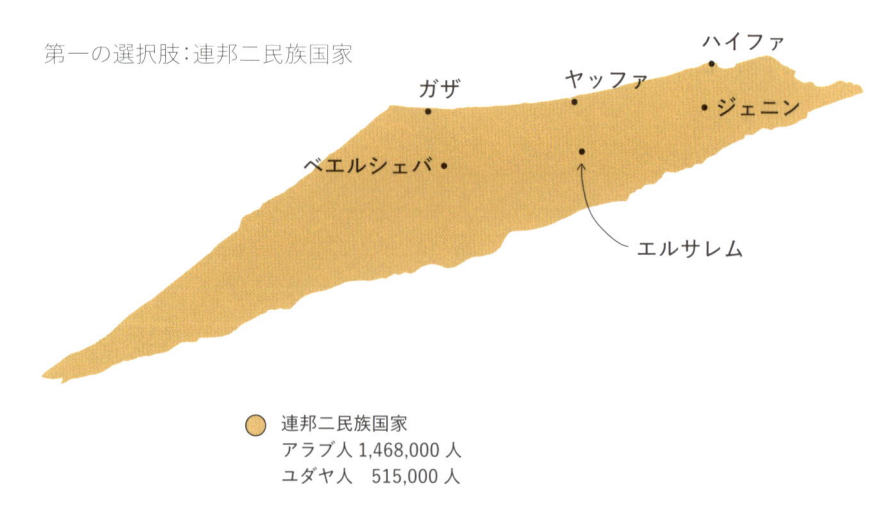

連邦二民族国家
アラブ人 1,468,000 人
ユダヤ人　515,000 人

第二の選択肢：2つの国家

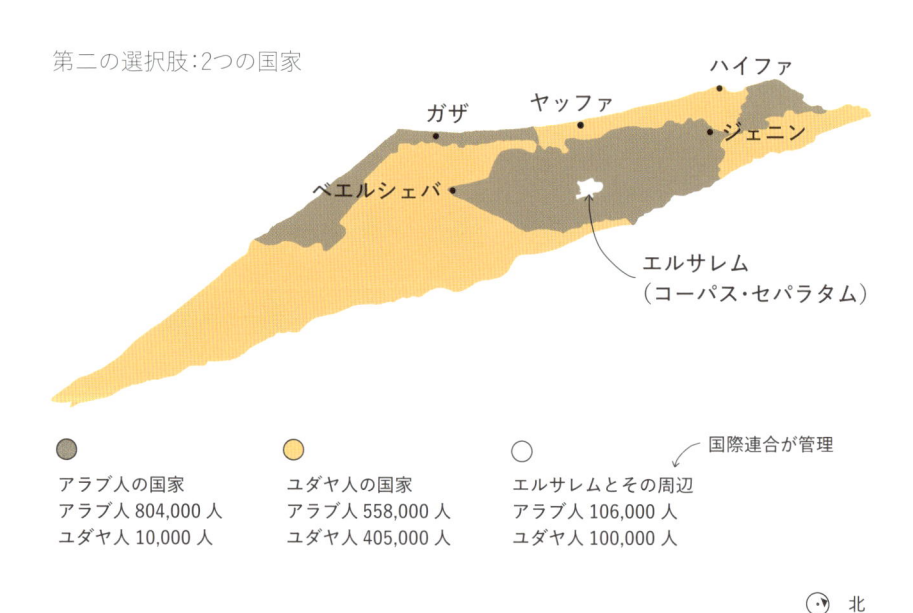

アラブ人の国家
アラブ人 804,000 人
ユダヤ人 10,000 人

ユダヤ人の国家
アラブ人 558,000 人
ユダヤ人 405,000 人

エルサレムとその周辺
アラブ人 106,000 人
ユダヤ人 100,000 人

国際連合が管理

北

縮尺不定

情報提供：国際連合

Q 1947 年の分割案に対するパレスチナの住民の反応はどのようなものだったか？

A　1947 年、パレスチナのアラブ共同体の代表は、国連パレスチナ特別委員会がシオニストの立場を支持していると考えて、同委員会がエルサレムの YMCA ホテルで行なった協議に参加することを拒んだ。

　1947 年 11 月に提案された分割案がパレスチナ人だけでなくアラブ諸国の怒りも買ったのは当然のことだった。

　委任統治領パレスチナではアラブ系住民が人口の 70%以上を占め、土地の 80%以上を掌握していたというのに、分割後のアラブ国家に割り当てられたのは領土の 45%に過ぎなかった。ア ラブ世論の手前、アラブ高等委員会はそのような分割案を受け入れることができなかった。アラブ側の拒絶は不可避だった。

　いっぽう、シオニスト機構の実利的な関心はもちろん、この分割案に少しの躊躇もなく賛同することにあった。ユダヤ人はパレスチナの総人口の 30%にも満たず、保有する土地はわずか 8%だったが、この案に賛同すれば、分割後のユダヤ人国家は委任統治領パレスチナの 50%以上を保障されることになるのだった。

アラブ高等委員会

　アラブ高等委員会は 1936 年 4 月、蜂起したパレスチナのアラブ人コミュニティを外交レベルで代表するために設立された。1936 年夏、アラブ高等委員会とイギリス政府の間で交渉が行なわれ、数カ月にわたるゼネストが終結した。しかし、1937 年以降、暴動と蜂起が再発したため、アラブ高等委員会はイギリス政府から正当な交渉相手とは見なされなくなった。

委任統治領パレスチナの領土分割

1947 年の国際連合による分割案　　1949 年の休戦協定後に行なわれた分割

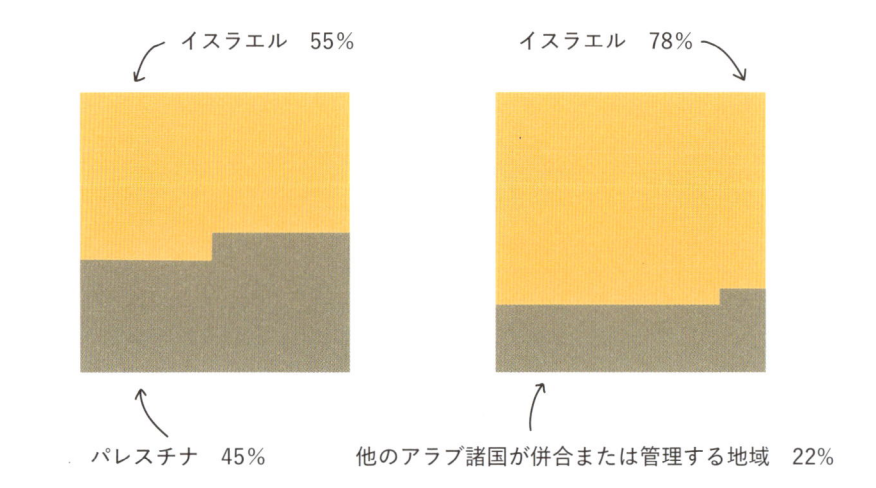

イスラエル　55%　　　　　　　　　イスラエル　78%

パレスチナ　45%　　　他のアラブ諸国が併合または管理する地域　22%

情報提供：国際連合

ベン＝グリオンによるイスラエル独立宣言は強引な押し切りだったといえるか。

　1948 年 5 月 14 日は、イギリスによるパレスチナ委任統治最後の日だった。日中に、イギリスの最後の代表たちがハイファ港を出て行った。インドとパキスタンを分割した時と同じように、イギリスは調停軍などもいっさい残さず撤退した。ブルーヘルメットもいなかった。国際連合はまだ平和維持軍を創設していなかった。

　16 時頃、ユダヤ機関のダヴィド・ベン＝グリオン議長は、テルアビブ美術館からイスラエルの独立を宣言した。たしかに、ベン＝グリオンは国際社会からの承認を待たずに行動を起こし、国連決議で定められた 2 カ月を経過させなかったが、シオニスト機構は、1947 年 11 月の採決によって、この宣言がある程度国際法に合致したと認められたと考えていた。

　このように一方的にイスラエルの独立を宣言することで、周辺のアラブ諸国がこぞってイスラエルに戦争を仕掛けてくることをベン＝グリオンは確信していた。1948 年 5 月 15 日、第一次中東戦争が始まった。ヨルダン、シリア、レバノン、エジプト、イラク、サウジアラビア、北イエメンが、イスラエルに対し、戦争状態に入った。

　1949 年、休戦協定の結果として、2 年前に国際連合が提案したものとは大きく異なる領土分割が行なわれた。イスラエル国家の領土はいまや、旧委任統治領パレスチナの 78％を占めていた。現在もそうであるように、イスラエルが主権を持たない唯一の領土は、ヨルダン川西岸地区とガザ地区、すなわち旧イギリス委任統治領の 22％だった。

Q イスラエルは建国早々、なぜこのような勝利を収めることができたのだろうか。

　まず、イスラエル軍は 1948 年に即席で創設されたものではなく、**1930 年代初頭からかなり強化され、装備も整えられた自衛民兵に依拠していた**からだ。

　1948 年から 1949 年にかけての戦争で、イスラエル軍はよく訓練され、装備も充実し、連携にも優れていることがわかった。対するアラブ軍は数こそ多かったが、統制を欠き、連携も足りず、そして実のところ将来のパレスチナ民族国家建設への熱意が足りなかった。

　忘れてはいけないのは、数十年もの間、パレスチナの大義が近隣のアラブ諸国によって利用され、ひいては道具のようにさえ扱われてきたということだ。イスラエルに対して戦争を仕掛けた国の中には、領土の獲得を目論んでいた国もあったが、そのような目論見は 1947 年 11 月の分割計画で定められたパレスチナ国家の完全な実現とは相容れないものだった。

　第一次中東戦争が終結すると、ガザ地区はエジプトの占領下に置かれたが、併合はされなかった。1946 年にイギリスから独立したトランスヨルダン・ハシミテ王国は、ヨルダン川以西の約 6,000㎢を「ヨルダン川西岸」と呼び、主権宣言をした。1950 年、ヨルダン川西岸は正式に併合され、ハシミテ王国は「ヨルダン」を名乗り、中東戦争終結時に「グリーン・ライン」によって東西に分断されたエルサレムの東部も併合した。

Q 「グリーン・ライン」の時代、エルサレムでの生活はどのようなものだったのだろうか？

A 1949 年から 1967 年にかけて、エルサレムは「**グリーン・ライン**」**と呼ばれる線によって 2 つに分断されていた**。西側にはイスラエル軍が、その向かい側、数十メートル先にはヨルダン軍が配備され、特に旧市街を支配していた。

19 年間、ヨルダンはすべての聖地への立ち入りを規制し、たとえば、イスラエルのユダヤ教徒が嘆きの壁（イスラエル人はこれを「西の壁」と呼んでいる）を訪れることを禁じていた。

1950 年、イスラエルは西エルサレムを首都とすることを決定した。クネセトも大統領官邸も西エルサレムに移転した。国防省だけは明白な戦略的理由からテルアビブに残り、今でもテルアビブにあるが、それ以外のすべての省庁が西エルサレムに置かれた。**公務員の流入と資本の投下が西エルサレムを発展させた**のは言うまでもない。

それとは対照的に、ヨルダン新王国が首都にすることを望まなかった東エルサレムとの格差は広がりつつあった。しかし、ヨルダン当局がエルサレムにそれほど投資をしなかったのは、**パレスチナ民族主義者への不信の表れ**でもあった。

嘆きの壁

キリスト教徒や西欧列強が委任統治時代からよく使ってきた「嘆きの壁」という表現は、ヘブライ語では使われていない。ユダヤ人コミュニティでは、「嘆きの壁」という表現は否定的な含みを持つとして嫌い、1560 年代からユダヤ教の聖域になっているこの

ヘロデ王の神殿の遺跡のことを「西の壁（コテル・ハ・マアラヴィー）」と呼んでいる。

クネセト

1949 年にユダヤ民族議会の後を引き継ぐ形で設立されたクネセトは、イスラエル国の議会である。立法の全権が集中する単一の議院であり、イスラエル国の大統領を選出し、政府を監督する役目を持つ。クネセトの 120 議席は、総選挙で一定の得票率を超えた全政党に比例配分される。

西エルサレムと東エルサレム
1949–1967年

グリーン・ライン

東エルサレム

西エルサレム

ヨルダン

イスラエル

旧市街

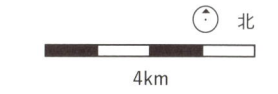

イスエラルの自治体

アラブの自治体

1949年の休戦協定による「グリーン・ライン」

北

4km

出典：PASSIA；国際連合；D. Papin, B. Tertrais, *Atlas des frontières*, Les Arènes, 2021；
V. Lemire, *Au pied du mur*, Le Seuil, 2022；ル・モンド紙

ヨルダン統治下のエルサレム旧市街 1949-1967年

グリーン・ライン

ヘロデ門

ダマスカス門

ライオン門（聖ステパノ門）

聖墳墓教会

岩のドーム

新門

ヨルダン

イスラエル

アル・アクサー・モスク

ヤッフォ門

嘆きの壁

城塞（ダビデの塔）

糞門（モロッコ門）

シオン門

● イスラム教徒地区	▯ 門		
● キリスト教徒地区	☾ モスク		
● マグレブ地区	✡ シナゴーグ		
━ 「グリーン・ライン」	✝ 教会	☉ 北	

300m

なぜヨルダン当局とパレスチナ民族主義者の間に緊張関係があったのか？

　第一次中東戦争中、パレスチナ人を安心させるため、アブドゥッラー国王は 1948 年 12 月 1 日にエリコであえて控えめに行なわれた式典で「パレスチナの王」の位に就くことに合意した。しかし、休戦協定後は、ヨルダン王国の安定を維持するため、パレスチナの民族主義運動に誠意を示そうとしなくなった。

　1949 年以降、パレスチナ難民はヨルダンの人口の大半を占めるようになった。現在でも、ヨルダン国民の約 60％がパレスチナ生まれ、またはパレスチナ難民の家庭に生まれている。ヨルダンの首都アンマンではその割合は 80％にも達する。

　デモの中継などで「ヨルダン市民が立ち上がっています」と言うとき、その多くはヨルダン在住のパレスチナ人なのだ！

　実際、ハシミテ王家はすぐにパレスチナ民族主義者たちに圧力をかけられた。1951 年 7 月 20 日、あるパレスチナ民族主義者が、アル・アクサー・モスクを出ようとしたアブドゥッラー国王を暗殺した。エルサレムをなおざりにしてアンマンを優先するという決断の代償をアブドゥッラー国王に払わせることが主な狙いだった。

　というのも、1950 年代には、ヨルダンの公務員と資本の大部分はアンマンに集中していた。1960 年代初頭になって初めて、ヨルダンの若きフセイン国王が東エルサレムの開発の遅れに気づき、多額の投資を始めたが、あまりにも遅すぎた。

**1949 年のアラブの敗戦後、パレスチナ人には何が残った
か？**

 　パレスチナ国家という構想は死産に終わり、1949 年から
1967 年までの間、何の成果も得られなかった。ヨルダン川西岸
地区とガザ地区にはパレスチナの約 460 の集落を追われてきた
難民が大勢住みついた。

　イスラエル軍は集落そのものを破壊したり、住民を追い出した
りして、それらの集落をできたばかりのイスラエル国に併合して
しまった。1949 年からずっと、ヨルダン川西岸地区とガザ地区
に住み着いたパレスチナ人たちは、レバノンやヨルダンに身を寄
せたパレスチナ人たちと同様、「帰還の権利」を要求してきた。

　ガザ地区の難民キャンプに住む人々は、自分たちの住む町や通
りに出身地の名前をつけた。これは彼らが、広い意味でのパレス
チナ人というアイデンティティを自覚し続けていたことを示して
いる。

　パレスチナ人が「ナクバ」（「大惨事」の意）と呼んだこの最初
の集団移住の後に、ヨルダン川西岸地区、レバノン、シリア、エ
ジプトで 75 万人のパレスチナ人が難民になったと推定されてい
る。ガザ地区のパレスチナ人たちが今日、新たなナクバの危険性
を云々する理由は容易に理解できる。今もなお、200 万人以上の
パレスチナ人が追放の危機を感じているからだ。

ナクバ

　シリアの歴史家コンスタンチン・ズライクが、イスラエルに対
するアラブ諸国の深刻な敗北を表現するために 1948 年に初めて
使ったナクバという言葉（アラビア語で「大惨事」）は、今日、第

一次中東戦争（1948 〜 1949 年）中に約 75 万人のパレスチナ人が経験した強制退去の記憶と結びついている。1998 年以来、パレスチナ自治政府は毎年 5 月 15 日にナクバを記念する行事を催している。

ナクバ、パレスチナ人村落の破壊
1948年

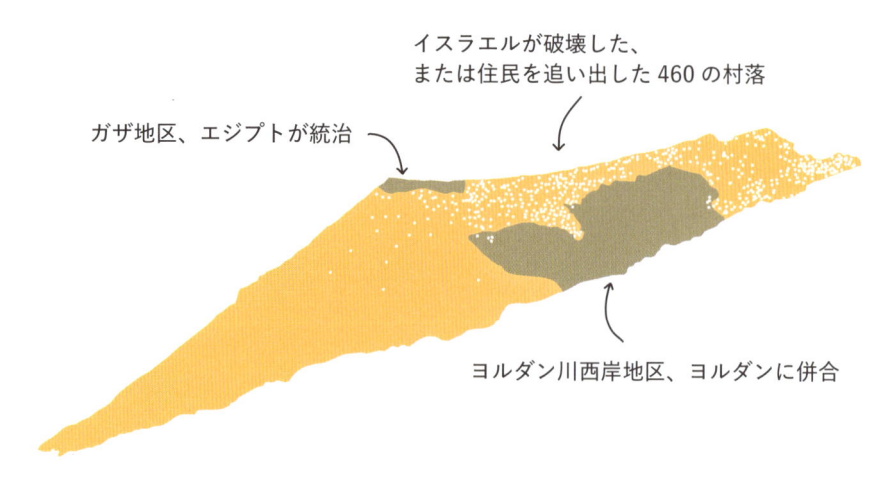

ガザ地区、エジプトが統治

イスラエルが破壊した、
または住民を追い出した 460 の村落

ヨルダン川西岸地区、ヨルダンに併合

パレスチナの難民キャンプ
1948-1949年

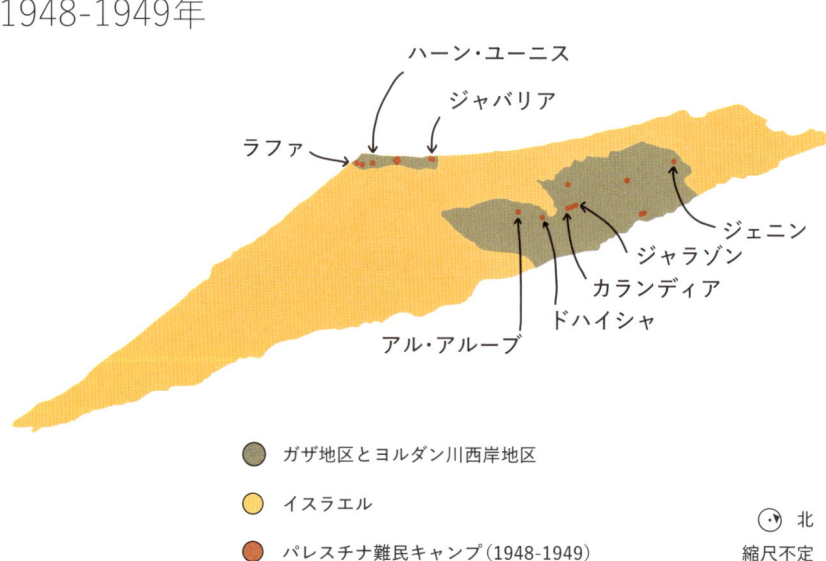

ハーン・ユーニス

ジャバリア

ラファ

ジェニン

ジャラゾン

カランディア

ドハイシャ

アル・アルーブ

🟢 ガザ地区とヨルダン川西岸地区

🟡 イスラエル

🔴 パレスチナ難民キャンプ（1948-1949）

🧭 北
縮尺不定

出典：フレデリック・アンセル『新版 地図で見るイスラエルハンドブック』（原書房、2024 年）
　　　パレスチナ国際問題学術研究協会（PASSIA）、国際連合

冷戦はイスラエルとアラブの紛争の構造化に影響を与えたか。

　きわめて重大な影響を与えた。1956 年末、脱植民地化戦争の流れを受けて、エジプトのスエズ運河をめぐって重大な国際危機が到来した。

　イギリスとフランスは、イスラエルの力を借りて、現地で直接、軍事的手段によって、中東地域での力関係を変えようとした。ナーセル大統領が国有化したスエズ運河の支配権を取り戻すために、この戦略的な基盤施設に融資したのはヨーロッパの資本だという事実を持ち出した。

　アメリカとソ連は、フランス軍、イギリス軍、イスラエル軍に圧力をかけてエジプトから撤退するよう迫った。ソ連は核兵器による報復さえちらつかせた！

　スエズ危機の後、アメリカとソ連はイギリスとフランスにイスラエルへの軍事支援を縮小するよう要請もした。**冷戦を背景に、石油需要が増大し続けるなかで戦略上の重要性を増していた中東での紛争リスクを抑えるためだった。**

　しかしフランスは、1960 年代初頭までイスラエル軍の兵器の大部分を供給し続けた。スエズ危機の後、イギリスとフランスがイスラエルに原子爆弾を装備させる共同計画に乗り出すよう、イスラエル側から働きかけたのはシモン・ペレスという男だった。

　同じ頃、中央ヨーロッパの社会主義諸国もイスラエルに武器を売っていた。いっぽう、**アメリカは 1964 年までイスラエルへの武器禁輸措置**を続けていた。このように、当時の地政学的なバランスは現在とはまったく違っていた。

　しかし 1960 年代半ばになると、イスラエル・パレスチナ紛争

における同盟関係は完全な転換期を迎える。**1964 年にパレスチナ解放機構（PLO）が創設されると、社会主義、第三世界主義、非同盟主義を標榜するこの新しいパレスチナ民族主義運動に、ソ連は公然と味方した。**

アメリカはというと、最終的にイスラエル側に付いた。 禁輸措置が解除された後、イスラエルの兵器の大半はアメリカ製となり、それは現在もそのまま続いている。

第三世界主義

1950 年代以降、南側諸国が経済的・社会的後進状態を脱却するためには、政治的脱植民地化だけでは不十分だと考えた政治・知識運動の総称。1960 年代末、ほとんどの第三世界主義者たちが、PLO の提唱する急進的な民族解放戦略を承認した。

イスラエルの旗

青と白のイスラエル国旗の色と寸法は、ユダヤ教徒が身につける祈りのショール「タリット」を連想させる。旗の中央に据えられたダビデの星と同様に、この旗は 19 世紀末からシオニズム運動で使用されてきた。この旗を公認するためにクネセトで可決された法律では、旗の青は濃いテヘーレト（紺碧）と表現されている。テヘーレトは旧約聖書に出てくる色の名前で、それを使ってある色調を規定しようとするとどうしても解釈の余地が残る。イスラエル国旗の青がいつも同じとは限らないのはそのせいである。

パレスチナの国旗

　アラブ諸国の国旗の多くがそうであるように、パレスチナの国旗も赤、緑、白、黒の 4 色である。アラブの大反乱（1916 ～ 1918 年）以来、この 4 色はさまざまなアラブ部族の結束と独立国家獲得の希望と結びつけられてきた。1936 年から 1939 年にかけてのインティファーダの間、エルサレムの建造物に掲揚されていた、赤い三角形と黒、白、緑の縞模様のパレスチナ国旗は、三日月と十字架で飾られていた。アラブ最高委員会が 1948 年に、PLO が 1964 年に、そしてパレスチナ自治政府が 1998 年から、この旗の宗教的シンボルを排したバージョンを使用している。

Israel

1967年

戦争の時代

準備はすでに整った。
我々はいまやイスラエルに立ち向かう用意ができている。
（中略）対決の用意ができている。
パレスチナの全問題に対処する用意ができている

ガマール・アブドゥル・ナーセル、1967 年 5 月 29 日

Palestine

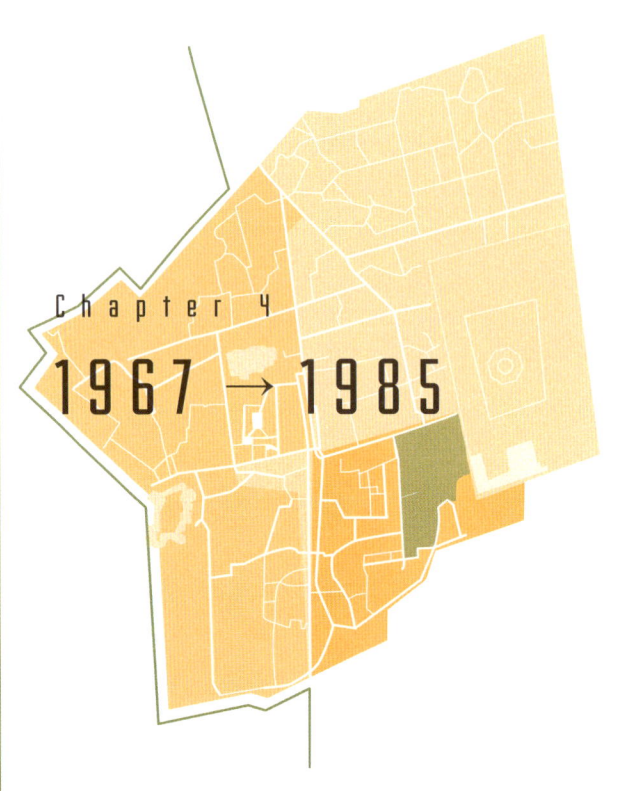

Chapter 4

1967 → 1985

第三次中東戦争（六日間戦争）	Jun 5-10th, **1967**
パレスチナ解放人民戦線（PFLP）による初の国際線ハイジャック事件。	Jul 23rd, **1968**
ヤーセル・アラファトがPLOの議長に就任	**1969**
ヨルダンで「黒い九月事件」が起こり、PLOが弾圧される。PLOの本部はレバノンに移転	**1970**
第四次中東戦争（イスラエルでは「ヨム・キプール戦争」、アラブ諸国では「ラマダン戦争」と呼ばれる）	Oct 6-22th, **1973**
イスラエル初の右派政権（メナヘム・ベギン首相）	**1977**
イスラエル・エジプト和平合意（キャンプ・デイヴィッド）	Sep 17th, **1978**
イスラエルによるレバノンへの軍事介入	Summer **1982**
イスラエル軍の支援を受けて、キリスト教ファランジストがサブラーとシャーティーラーのパレスチナ難民キャンプで虐殺	Sep, **1982**
イスラエル軍がチュニスのPLO本部を空襲	Oct 1st, **1985**

1967 年 5 月末、ナーセル大統領が、エジプトはイスラエルに新たな戦争を仕掛ける準備ができていると公言した。スエズでの成功から 11 年経って、ナーセルはアラブ世界の指導者的立場に立っていた。彼はパレスチナ人のための国家を擁護していたが、その国境については具体的に何も言わなかった。

確かなことは、**1948 年から 1949 年にかけての戦争の後、この地域のすべてのアラブ諸国がイスラエルに復讐心を抱いていた**ということだ。

1967 年当時、アラブ諸国とイスラエルの紛争はまだ、国どうしが互いに宣戦布告し、停戦もしくは和平の交渉をするという伝統的な形の戦争だった。

にもかかわらず、ナーセル大統領の演説から 1 週間後の 1967 年 6 月 5 日月曜日、イスラエルがエジプトに奇襲的な先制攻撃をかけた。

このような作戦は、今日でもイスラエルで議論を呼んでいる。先制攻撃をするというのは、加害者とみなされるリスクのある選択だからだ。しかしながら、1973 年の第四次中東戦争で分かったように、先制攻撃しなければ自分たちが敵に奇襲されるという逆の危険性も常に存在する。

パレスチナの大義はナーセルに利用されたのか？

　1967 年の春、ナーセルの一番の関心事は、すべてのアラブ人を統合できるような国家の建設（汎アラブ計画）だった。

　最初の試みだったアラブ連合共和国（UAR）は、1958 年にエジプトとシリアによって創始された。イスラエルおよびヨルダン川西岸地区の両側に位置するこの 2 つの地域が、1961 年まで共通の国旗と共通の体制を持っていたことを忘れてはならない。

　1967 年、ナーセルにとってパレスチナの大義は、汎アラブの理想郷を再興するための口実として利用価値があった。

第三次中東戦争が始まる直前のイスラエルはどのような国家だったか。

　1967 年、イスラエル政府の第一党は労働党だった。第二次世界大戦前、イスラエル社会はすでに「原初国家」とでも言うべき強力な組織を中心に構成されていた。1929 年からパレスチナへのユダヤ人入植を調整する役割を担っていたユダヤ人庁はそうした組織の 1 つで、1948 年に政府機関となり、現在も機能し続けている。

　委任統治時代のパレスチナでは、社会党系・労働党系の労働組合の力も非常に大きかった。これらの労働組合もまたイスラエル社会の構造化に貢献していた。真の意味での労働党イデオロギーによれば、将来のイスラエル国家の強さは、将来イスラエル国民を構成する予定のユダヤ民族の労働能力にかかっていた。

　この観点に立てば、パレスチナ人労働者、あるいはどんな移民労働者にも依存せずにやっていけることが重要だった。建国後のイスラエルの、年金基金、失業保険、国民皆保険といった社会保障のレベルは相当なものだった。

　1960 年代半ば、イスラエルはまだ東欧や中欧出身のアシュケナージ系ユダヤ人の子孫に支配されていた。人口構成はますます多様化していたにもかかわらず、文化的にはイスラエルはヨーロッパ志向を維持していた。

　1950 年代初頭以降、脱植民地化の流れの中で、たとえばイラク、モロッコ、アルジェリアといったアラブ諸国に住んでいた大勢のユダヤ人が住み慣れた土地を離れた。1967 年当時、こうしたミズラヒム系（「東方系」）ユダヤ人は、社会経済的にも文化的にもまだ少数派だったが、人口統計学的な比重は高まり続けていた。

彼らのなかには、都市部の郊外にあるスラム街のようなところ（マアバロット）に住んでいる者もいた。また、ネゲヴ砂漠の真ん中の悲惨な環境で暮らす者もいた。

1922年から1987年までの
パレスチナとイスラエルにおける
ユダヤ人の人口

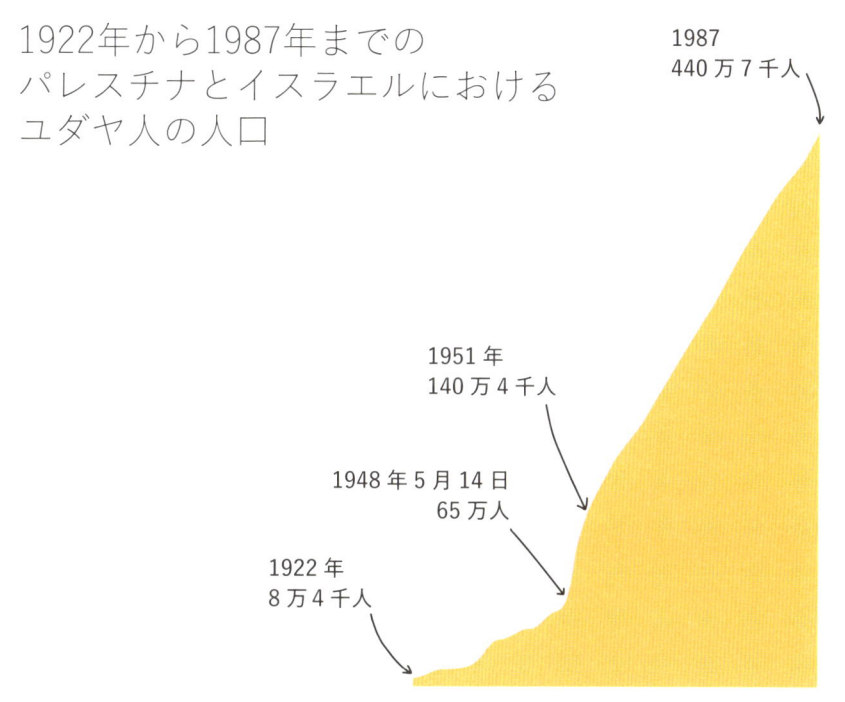

1987
440 万 7 千人

1951 年
140 万 4 千人

1948 年 5 月 14 日
65 万人

1922 年
8 万 4 千人

出典：シオニスト文書館、イスラエル政府、アメリカ政府、Jewish Virtual Library

第三次中東戦争のあと、中東の地図はどのように変わったか？

　ほんの数日の間に、イスラエルは近隣アラブ諸国の連合軍に対して見事な勝利を収めた。6月5日月曜日から7日水曜日にかけて、イスラエル軍はヨルダン川西岸地区全域を制圧した。6月7日、モシェ・ダヤン国防相と**イツハク・ラビン**参謀総長が指揮するイスラエル軍が東エルサレムに入った。

　それからエジプトと2日間戦って、イスラエルはシナイ半島南部全域を制圧した。砂漠と山岳地帯からなるこの広大な領土には、エジプト経済の要衝にしてエジプト・ナショナリズムの象徴であるスエズ運河が隣接していたため、ナーセルとエジプト国民が味わった屈辱はひとしおだった。

　6月9日、ナーセルはラジオ演説を行い、涙ながらに辞任の意向を表明した。最終的には民衆の圧力に押されて辞任を断念したが、この演説はアラブとイスラエルの紛争における感情的側面の重要性を物語っている。

　また、アラブ諸国とその住民にとって、イスラエルに再び敗れたことがどれほどの悲劇であったかがよく分かる。

　イスラエル軍はとうとう、それまでシリアが支配していた、ティベリアス湖の北側にあるゴラン高原を制圧した。深く傷ついたアラブ諸国は1967年9月1日、ハルツームで、イスラエルとの和平交渉は行わず、相互承認を行うことも決してないと宣言した。

イツハク・ラビン（1922‒1995）

　　エルサレムで生まれたラビンは、1941年、エジプトに進駐していた枢軸国軍と戦うイギリスを支援するために編成されたシオニストの軍隊に入隊した。

　　イスラエル建国後、輝かしい軍歴を重ねた末、1964 年から第三次中東戦争終結までの間、参謀総長の地位に就く。1973 年には政界に足を踏み入れ、イスラエル労働党の中心人物のひとりとなった。

　1987 年のインティファーダでは、ラビンは国防相としてパレスチナ人たちの蜂起の鎮圧に加わった。1992 年に始まる 2 度目の首相任期中には、オスロ合意調印という目覚ましい業績を残した。

　1994 年、シモン・ペレス、ヤーセル・アラファトとともにノーベル平和賞を受賞。翌年、ユダヤ人テロリストによって暗殺された。

第三次中東戦争、アラブ軍の大敗

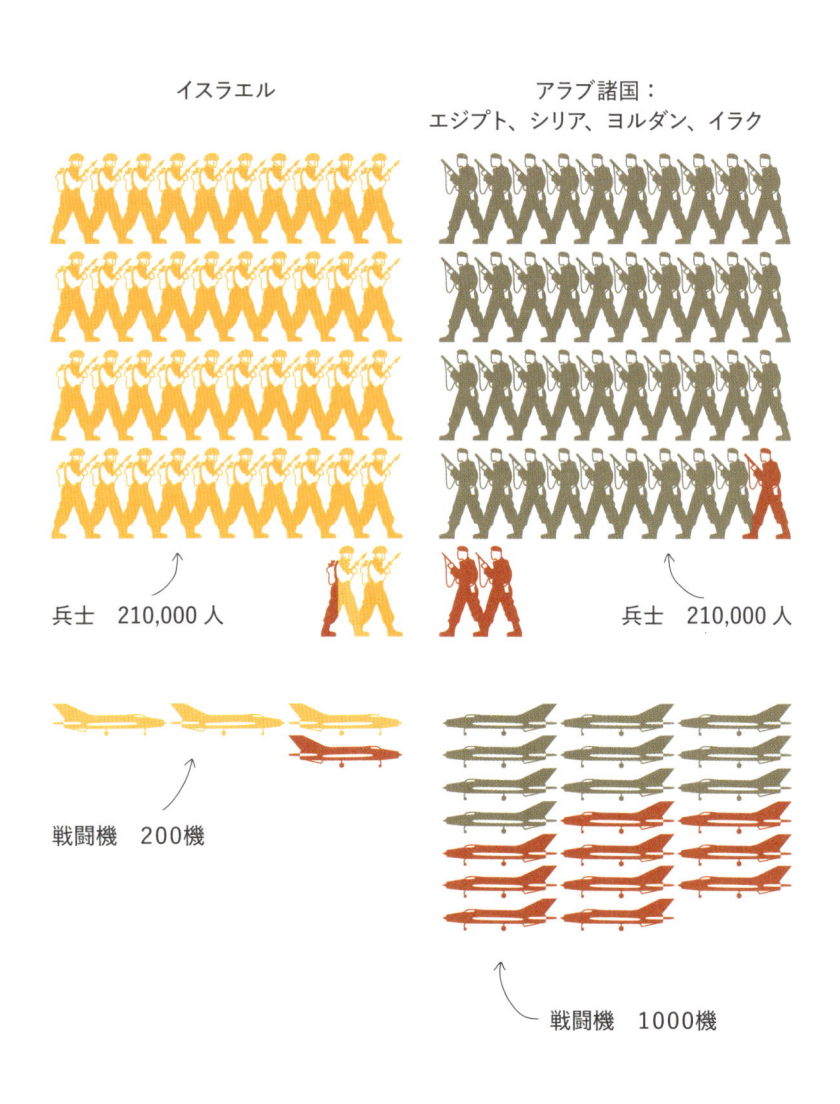

イスラエル

アラブ諸国：
エジプト、シリア、ヨルダン、イラク

兵士　210,000 人

兵士　210,000 人

戦闘機　200機

戦闘機　1000機

図中の兵士 1 人が兵士 5000 人、戦闘機 1 機が 50 機を表している
赤いアイコンは、死亡した兵士または撃墜された戦闘機

イスラエルによるエルサレム奪取
1967年

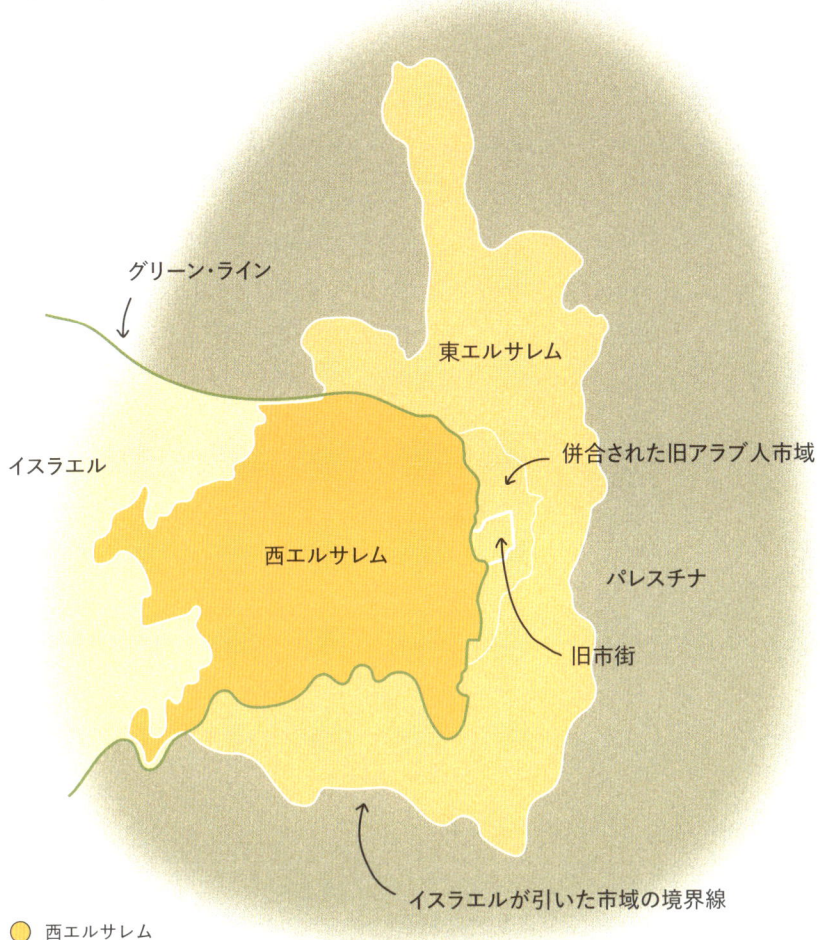

グリーン・ライン

東エルサレム

イスラエル

併合された旧アラブ人市域

西エルサレム

パレスチナ

旧市街

イスラエルが引いた市域の境界線

- 🟡 西エルサレム
- 🟡 市域の東への拡大
- 🟢 イスラエルが占領したヨルダン川西岸地区
- ― 1949 年から 1967 年までの休戦協定による「グリーン・ライン」

 北

出典：パレスチナ国際問題学術研究協会（PASSIA）、国際連合、D. Papin, B. Tertrais, *L'Atlas des frontières*, Les Arènes, 2021、V. Lemire, *Au pied du mur*, Le Seuil, 2022、ル・モンド紙

Q 第三次中東戦争はエルサレムの聖地管理にどのような影響を与えたのか？

　1967 年 6 月 7 日、イスラエルは、東エルサレムに入ることで、聖地、特に「西の壁」の管理権を取り戻した。「嘆きの壁」とも呼ばれるこの壁は、ヘロデ王によって建てられて間もなく、西暦 70 年に破壊された**エルサレムの第二神殿**の遺構である。16 世紀以降、西の壁はユダヤ教の聖域として重要になるいっぽうだった。その西の壁を奪還したことは、敬虔なユダヤ教徒たちだけでなく、イスラエル社会全体を高揚させた。

　東エルサレム占領の間、岩のドームとアル・アクサー・モスクにイスラエル国旗が数時間掲揚された。イスラエル軍のラビだったシュロモ・ゴレンは、イスラム教の聖域を破壊し、ユダヤ教の聖域に置き換えるべきだとさえ言い出した。**モシェ・ダヤン**はこれを却下し、イスラエル国旗の撤去を命じた。

　しかしその代わりに、サラディン以来マグレブからの巡礼者を迎えるために使われてきたマグレブ地区を壊滅させた。1967 年 6 月 10 日から 11 日にかけての夜、そこに住んでいた 800 人の住民は立ち退きを命じられ、マグレブ地区は完全に破壊された。その跡地に整備されたのが現在西の壁が面している広大な石造りの広場である。モスクの広場の下にこの新しいユダヤ教の聖域を設けることで、ユダヤ教の聖域をイスラム教の聖域と分けることができた。

　モシェ・ダヤンはつまり聖域周辺の状況を一方的に変更したわけだが、それはこれらの聖域が今後もまだ紛争の火種となりうると考えていたからである。ダヤンは戦争をするばかりでなく、平和についても考えていた。さらに、非常に教養のある人物で、余

暇には考古学に熱中し、収集家でもあった。ゆえにイスラム文化とエルサレムの間には非常に強い繋がりがあることに気づいていた。なかでも岩のドームは現存する世界最古のイスラム教建造物だということを知っていた。モスクの広場の主権はヨルダンのワクフに完全に委ねるべきだとダヤンは強調した。

エルサレムの第二神殿

　ソロモンの神殿という名でも知られるエルサレムの第一神殿は、紀元前 586 年、バビロニアによって破壊された。50 年間バビロンに捕囚された後、ペルシャ当局にエルサレムへの帰還を許可されたユダヤの民は、第一神殿の基礎の上に新たな神殿を建てることを決定した。紀元前 536 年から紀元 70 年までの間、この第二神殿はユダヤ人の宗教生活の中心であった。今日、この場所を変わらぬ指標としてきた宗教シオニストたちは、同じ場所に「第 3 の神殿」を、現在のモスクの広場の代わりに建てることを大っぴらに構想している。

ワクフ

　イスラム法において、ワクフとは、死手財産や宗教財団に相当するもので、財産を固定し、慈善事業や公共事業に寄付する法的操作である。

モシェ・ダヤン（1915–1981）

　モシェ・ダヤンはウクライナからパレスチナに移住してキブツで暮らし始めたユダヤ人家庭に生まれた。思春期にハガナーに入隊。第二次世界大戦中はイギリスのために戦った。ダヴィッド・ベン＝グリオンに見いだされ、イスラエル軍で急速に出世した。1956年10月にスエズ危機が勃発すると、ダヤンはツァハル（イスラエル国防軍）の参謀総長となった。1959年に政界入りし、当時イスラエル政界を支配していた左翼政党マパイ（のちの労働党）に入党。第三次中東戦争で国防相として活躍したことで、国民の支持を得た。逆に、ヨム・キプール戦争では、備えが十分でなかったとしてイスラエルの世論から非常に厳しい評価を受けた。晩年には、キャンプ・デイヴィッド合意につながるエジプトとの交渉に個人的に関与した。

イスラエル管理下のエルサレム旧市街 1967年

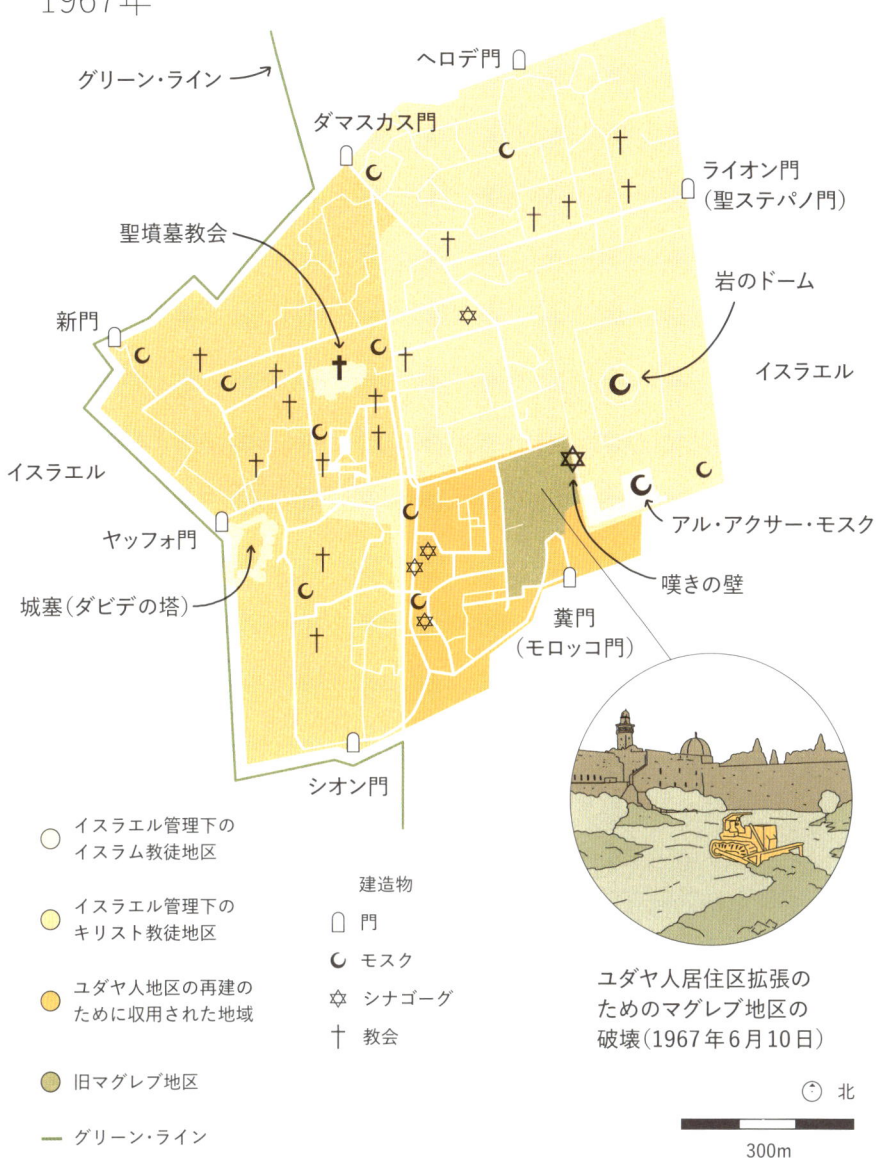

グリーン・ライン

ヘロデ門

ダマスカス門

ライオン門 （聖ステパノ門）

聖墳墓教会

岩のドーム

新門

イスラエル

イスラエル

アル・アクサー・モスク

ヤッフォ門

城塞（ダビデの塔）

嘆きの壁

糞門 （モロッコ門）

シオン門

- ○ イスラエル管理下の イスラム教徒地区
- ○ イスラエル管理下の キリスト教徒地区
- ○ ユダヤ人地区の再建の ために収用された地域
- ○ 旧マグレブ地区
- ― グリーン・ライン

建造物
- ⌂ 門
- ☾ モスク
- ✡ シナゴーグ
- ✝ 教会

ユダヤ人居住区拡張の ためのマグレブ地区の 破壊（1967 年 6 月 10 日）

☉ 北

300m

出典：パレスチナ国際問題学術研究協会（PASSIA）、国際連合、D. Papin, B. Tertrais, *L'Atlas des frontières*, Les Arènes, 2021、V. Lemire, *Au pied du mur*, Le Seuil, 2022、ル・モンド紙

Q 1967 年のアラブの敗戦はパレスチナ民族主義運動にどのような影響を与えたのか？

　1967 年の敗戦後、アラブ諸国はパレスチナ人の信用を大いに失い、結果として、アラブ・イスラエル紛争の「再パレスチナ化」と呼ばれる現象が起こった。自分たちの大義がアラブ諸国に利用された可能性に気づいたパレスチナ人たちは近隣諸国との間に徐々に距離を置く自律的な民族運動を展開した。その主な要求は**「帰還の権利」**だった。

　この民族主義運動の発展を支えたのは、レバノンとヨルダン川西岸地区の難民キャンプでの著しい人口増加だった。

　第一次中東戦争後にそこで生まれた世代が 1960 年代末に成人し、最初のフェダイーンの大部分を構成した。それは自分たちの祖先が住んでいた場所に戻る権利を武力で勝ち取ろうとする若いパレスチナ人戦士たちだった。

　1964 年 5 月 28 日に東エルサレムで設立された PLO の野望は、まさにフェダイーンの武装行動を統括することだった。PLO は無数の政治・軍事組織の集まりだったが、1969 年にヤーセル・アラファトが議長に就任すると、非パレスチナ組織は弾き出されることになった。

　それ以来、パレスチナは委任統治領にされたり正規戦争後の分け前にされたりしてきた一地方を表す単なる地名ではなくなった。それは難民世代のパレスチナ人たちがふたたび我が物にしようとする大義そのものを表していた。彼らはその大義を、組織的な活動、ゲリラ戦、テロリズム、現地での暴力行為といった新しい手段を用いて奪い返そうとしていた。

　エルサレムでパレスチナ勢が初めてテロを起こしたのは、第三

次中東戦争終結から数カ月後、1968 年のことだった。

　というのも、イスラエルはヨルダン川西岸地区とガザ地区を占領したことで、数十万人の難民をも引き継いだわけだが、この難民たちがパレスチナという名の大義のために闘う戦士となったのだ。

　当時、PLO は紛争を外交的に解決するためのイスラエルとの交渉を断固として拒否しており、おまけにイスラエル側もそれを望んでいなかった。そういうわけで1964 年に採択された PLO の設立憲章には「パレスチナはパレスチナのアラブ民族の祖国である」（第 1 条)、「(パレスチナは）英国委任統治領の国境内にある不可分の領土単位である」（第 2 条)、「1947 年のパレスチナ分割とイスラエル建国は完全に違法である」（第 19 条）と明記されている。

　とはいえ、**PLO 憲章はパレスチナ人のアイデンティティについて開かれた概念を認めている**。第 6 条によれば、「シオニストの侵入が始まるまでパレスチナに常住していたユダヤ人はパレスチナ人とみなされる」。PLO は政教分離の社会主義運動であったため、建設を切に願うパレスチナ民族国家にユダヤ人市民がいることを想定していた。

　この観点からすると、平等な権利を持つ二民族国家という構想には、PLO の創設時のイデオロギー的枠組みにかなり通じるものがあると言える。

ヤーセル・アラファト（1929‐2004）

　　おそらくエジプトで生まれたアラファトは、1930 年代半ば、エルサレムのマグレブ地区に住んでいた。青年期にはエルサレムの大ムフティーと親しいパレスチナの民族主義者たちの集まりに出入りしていた。カイロで高等教育を受けた後、イギリスの保護領だったクウェートに移住し、その地で 1959 年にファタハを創設した。

1964 年、ファタハはエルサレムで PLO の設立に参加し、最初の軍事作戦を開始した。アラファトは 1969 年に PLO の議長に就任し、パレスチナ人ではない活動家たちを排除した。1974 年、非政府組織の代表として初めて国連総会で演説をした。

　1988 年以降、イスラエル・パレスチナ紛争の平和的解決に賛成し、オスロ合意調印後の 1994 年にノーベル平和賞を受賞。1996 年にはパレスチナ自治政府の初代大統領に就任した。2001 年の第二次インティファーダ勃発直後から 2004 年 11 月に死去するまで、ヤーセル・アラファトはラマッラーにあるムカータ本部でイスラエル軍に包囲されていた。

1967 年の戦争に対する国際社会の反応はどのようなものだったか。

　第三次中東戦争は、西欧諸国においても国際社会においてもイスラエルのイメージを大きく変えた。有名な記者会見で、フランスのド・ゴール将軍はイスラエル人を「自信に満ち、支配的な民族」と評した。この言葉はイスラエルで非常に厳しく受け止められた。イスラエルの新聞や雑誌には、囚人服を着たショアの生存者たちがド・ゴール将軍に罵倒される様子が描かれた。

　こういう脊髄反射的な反応は、イスラエルの国民意識の中にある根本的な矛盾を露わにしている。いっぽうで、イスラエルにはショアの犠牲者たちの記憶を受け継ぐ国家であるという自認があった。ショアの記憶を正しく伝えるべく、ヤド・ヴァシェムが第三次中東戦争の 10 年前に設立された。そのいっぽうで、自らが本当に脅威を感じた時には率先して行動できる強い国家でありたいという思いもあった。この矛盾は今日でも国民意識の中に強く残っている。

　イスラエルとパレスチナの紛争に関する国際法の基準を規定するのは、今でも国連決議 242 号である。そこには、**国際的な視点から見て唯一信頼できて納得のゆく国境線は第一次中東戦争後に設定された停戦ラインであると明記されている。**

　国際連合にとってみれば、1947 年の分割案〔決議 181 号〕に戻るなどということはもはやありえなかった。国際的に承認されていた国境線は、1949 年から 1967 年の間に現地で用いられていた国境線だった。

　したがって、**1967 年に征服された領土は東エルサレムを含めてすべて「占領地」**となった。さらに、イスラエルはヨルダン川

西岸地区とガザ地区に民政を敷かなかった。占領されたパレスチナの領土を管理しているのはイスラエル軍だった。唯一の例外は東エルサレムで、決議 242 号の採決直後にイスラエルが一方的にこれを併合した。

第三次中東戦争後にイスラエルが占領した領土 1967年

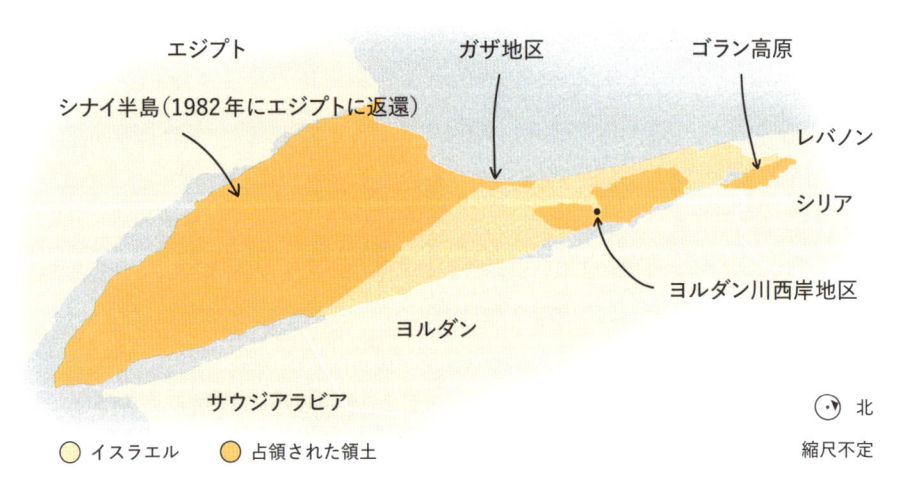

エジプト　　　　　　　　　ガザ地区　　　　　　ゴラン高原

シナイ半島（1982 年にエジプトに返還）　　　　　　　レバノン

　　　　　　　　　　　　　　　　　　　　　　シリア

　　　　　　　　　　　　　　　　ヨルダン川西岸地区

ヨルダン

サウジアラビア　　　　　　　　　　　　　　　　　　北

○ イスラエル　　○ 占領された領土　　　　　　縮尺不定

1973 年の第四次中東戦争で情勢はどのように変わったか。

　第四次中東戦争（イスラエルでは「ヨム・キプール戦争」、エジプトでは「ラマダン戦争」と呼ばれる）は、アラブ諸国によるイスラエルへの奇襲攻撃だった。

　特にエジプトによって引き起こされ、イスラエルに深刻な精神的痛手を与えた。ヨム・キプールの日にはイスラエル国内の通信手段がすべて遮断されるため、奇襲効果は桁違いだった。エジプトの奇襲攻撃は数日間にわたってイスラエルの防衛線を突破することに成功し、ユダヤ国家の存続を脅かした。10 月 15 日、アリエル・シャロン将軍がエジプトの防衛線を突破し、流れを変えることに成功した。

　こうして、**アラブ諸国による奇襲攻撃は、最後の最後にイスラエルの勝利に変わった**。しかし、僅差の勝利であったがゆえに、イスラエル国民は自国政府に反発せずにはいられなかった。調査委員会が設置され、イスラエル国家がなぜこれほど大規模な奇襲を許したのか原因が追究された。言うまでもなく、**この経緯はちょうど 50 年後の 2023 年 10 月に起こった出来事とぴったり重なってくる**。

ヨム・キプール

　新年から 10 日後に祝われるヨム・キプールは、ユダヤ暦の中で最も重要で厳粛な日とされている。25 時間の断食、休息、祈りを通して、信徒一人ひとりが神に罪の赦しを請う。イスラエルでは、普段ほとんど礼拝に行かない人々も含めて、非常に多くの人々がヨム・キプールを祝っている。

Q 第四次中東戦争は、イスラエルの人道主義的、労働主義的理想を見直すきっかけになったのだろうか。

A いずれにせよ、**右派が政権を握る一因にはなった**。1950 年代、1960 年代には何の影響力も持たなかったイスラエルの右派が、第四次中東戦争の 4 年後、1977 年の選挙で勝利したのだ。その指導者で、首相に就任したのは、テロ組織イルグンの元メンバーであり、1946 年のキング・デイヴィッド・ホテル爆破事件を実行したメナヘム・ベギンだった。これはもちろんイスラエルのタカ派の勝利だった。

とはいえ、意外に思えるかもしれないが、アラブ諸国と和平協定を結んだのはだいたいイスラエルの右派である。逆説的なようだが、これらの和平協定にそもそも反対だった一部のイスラエル世論を説き伏せられるのは右派だけだったということである。

1977 年、ベギンは第四次中東戦争を引き起こしたエジプトのアンワル・サダト大統領に和解を申し出た。ベギンとサダトは和平交渉を開始し、1978 年にキャンプ・デイヴィッド合意にこぎつけた。

翌年、エジプトはアラブ諸国として初めてイスラエルを承認し、それと引き換えにシナイ半島での主権を取り戻した。イスラエルと和平を結んで以来、エジプトはイスラエル・パレスチナ紛争で主導的な役割を果たし、しばしば和解や捕虜交換の交渉の仲介役を務めてきた。

キャンプ・デイヴィッド合意の結果、パレスチナ人は不利益をこうむったか。

　キャンプ・デイヴィッド合意はパレスチナ人にとって不本意なものだった。**アラブ諸国がパレスチナを公然と裏切り始めたのは1979 年だというのがパレスチナ人の考えだ。**

　1994 年、ヨルダンはアラブ諸国で 2 番目にイスラエルと和平協定を結んだ。これにより、ヨルダンはエジプトと同様、地域交渉の中心的な役割を担うことになった。

　というのもヨルダンは公式通信路を通じてイスラエルと意思疎通を図り、情報を交換できるようになったからだ。

　したがって、アラブ諸国とイスラエルとの国交正常化の歴史は、2020 年にイスラエル、アラブ首長国連邦、バーレーン、スーダン、モロッコの間で調印されたアブラハム協定よりずっと前から始まっていた。

Israel

1987年

蜂起と交渉

ガザの子供たちは
イスラエルというゴリアテに石を投げるために
ダビデの服を着た

ヤーセル・アラファト、1987年12月

Palestine

Chapter 5

1993 → 2006

「石のインティファーダ」（「第一次インティファーダ」とも言われる）	Dec, 1987-Sep, **1993**
マドリード会議、和平プロセスの始まり	Oct 30th-Nov 1, **1991**
ホワイトハウスでオスロ合意に調印	Sep 13rd, **1993**
ヤーセル・アラファト、イツハク・ラビン、シモン・ペレスにノーベル平和賞が授与される	**1994**
ユダヤ人テロリストによるイツハク・ラビン暗殺	Nov 4th, **1995**
初のパレスチナ総選挙、ヤーセル・アラファトがパレスチナ自治政府大統領に選出される	Jan 20th, **1996**
第二次インティファーダにより、イスラエル人約1,000人、パレスチナ人約3,000人が死亡	Sep, **2000-** Feb, **2005**
ヤーセル・アラファト死去	Nov 11th, **2004**
イスラエルが8,000人のユダヤ人入植者をガザ地区から退去させる	Aug, **2005**
パレスチナ立法評議会選挙、ハマスの勝利	Jan 25th, **2006**

1987 年はなぜ重大な転機なのか。

1987 年 12 月 6 日、一人のイスラエル人将校がガザで殺害された。その 2 日後、イスラエルのトラックがパレスチナ人の車に衝突し、3 人が死亡、他にも重傷者が出た。パレスチナ人はこれを復讐と捉えた。

この一見些細な出来事が、ガザ、エルサレム、ヨルダン川西岸地区で、**民間人による大規模な民衆蜂起を引き起こした。**軍事訓練も受けていない、組織化もされていない、若者や女たちが石を取ってイスラエルの兵士や戦車に向かって投げたのである。

この「石のインティファーダ」によって、イスラエルを含む世界中の国々は、パレスチナの市民社会の熱量がどれほどのものかを知ることとなった。

パレスチナの歴史観では、この蜂起は 1936 年から 1939 年の反乱に続くものである。よって、ヨーロッパの専門家筋にとっては第一次インティファーダだが、パレスチナでは第二次インティファーダと考えられている。

反乱が始まって数日後、**ガザでハマス（「イスラム抵抗運動」）が創設された。**1987 年のインティファーダがもたらしたもうひとつの大きな政治的帰結は、イスラエルとの交渉においてパレスチナの立場が強くなり、PLO がパレスチナ国家を獲得するためにイスラエルとの交渉を構想するようになったことである。

なぜイスラエルは 1987 年のインティファーダに不意を打たれたのか。

　イスラエルは、敵の作戦手順が変わるといつも不意を打たれる。1973 年にエジプトが奇襲攻撃をかけた時も、1987 年の「石のインティファーダ」の時もそうであったし、2023 年にハマスがガザ地区から奇襲攻撃をかけた時もそうであった。

　1987 年まで、イスラエルはパレスチナ情勢を制御できていると考えていた。イスラエル人とパレスチナ人はイスラエルとガザ地区を自由に行き来することができた。ガザの住民だけでなく、ヨルダン川西岸地区のパレスチナ人も、イスラエル国内で働くことを許可されていた。

　イスラエル政府は、パレスチナ人を苦境から救い出せば、彼らの鬱憤を軽減できると考えていた。この幻想こそが紛争の根源的な原因のひとつなのだが、イスラエルは、パレスチナ人を一民族として認める、つまり主権を熱望する政体として認めるのではなく、労働許可を与えることで経済的な和平工作を図れると考えていたのだ。

　その結果、1980 年代末には、イスラエル社会とパレスチナ社会は強い相互浸透を見せたが、その理由としてはパレスチナ人労働者がヘブライ語を話していたということが大きい。両民族の交流はごく日常的で、その頻度は今日よりも桁違いに多かった。**イスラエル、ガザ地区、ヨルダン川西岸地区の間で国境が完全に封鎖されたのは 2000 年代に入ってから**である。国境の完全封鎖は具体的には分離壁によって実現されているが、この分離壁はそもそもパレスチナの領土を大きく侵食している。

Q ハマスの創設はパレスチナ情勢にどのような変化をもたらしたか？

A 今でこそヨルダン川西岸地区で大きな支持を得ているハマスだが、もともとガザ地区で発展してきた。まず、ガザ地区には武力抵抗の長い伝統があったことを押さえておきたい。イスラエル軍が1971年にこの地域を完全に支配下に戻すまで4年もかかった。

さらにガザ地区はエジプトと常に密接な繋がりを持ち続けてきた。そしてハマスは、ムスリム同胞団というイスラム主義運動の最も過激な支部から派生してできた組織だが、ムスリム同胞団の拠点はエジプトである。

イスラエルは当初、ハマスの誕生を肯定的にとらえていた。第一に、ハマスというこの保守的で宗教的な運動は、PLO やパレスチナ解放人民戦線（PFLP）と政治的に競合することができそうに思われた。第二に、PLO や PFLP といった世俗的な革命運動とは異なり、ハマスは家族の価値の尊重を謳い、ガザ地区の住民のために効果的な社会支援を実践していた。**ハマスの活動は、拠点とする地域でつねに孤児院、学校、診療所の開設に努めていたムスリム同胞団のやり方を引き継いでいた。当初、こういった活動はすべて占領軍にとって好都合だった。**

パレスチナ解放人民戦線（PFLP）

1967 年に設立された PFLP は、マルクス・レーニン主義を標榜するパレスチナ民族主義組織である。国際的には、1970 年代初頭に国際線の旅客機をハイジャックしたことで、その名を知られる。1968 年に加盟した PLO の中で、PFLP はヤーセル・アラファトが主導するファタハよりも過激な路線を展開していた。

Q ハマスはパレスチナ民族主義運動のイスラム化に寄与したか。

A　それは間違いないが、だからといって、**パレスチナの民族主義が、最近になって初めて、ハマスの活動だけに影響されて、世俗的なものから宗教的なものへと急変したのだというような単純化した捉え方はするべきでない。**

　今日の宗教シオニズムが初期のメシア的シオニズム運動の再来に見えるのと同じように、パレスチナの民族的大義が 20 世紀初頭からイスラム主義的な要素を含んでいたことを忘れてはならない。たとえば 1930 年代には、エルサレムの大**ムフティー**、モハメド・アミン・アル・フセイニが 1936 年から 1939 年のインティファーダで極めて重要な役割を果たし、「パレスチナの大義のイスラム化」と呼ばれる現象にすでに関与していた。

　こうして時系列的に遡ると、1960 年代、1970 年代、1980 年代は、パレスチナの民族主義が例外的に世俗的だった期間で、PLO と同じくらい長く続いた間に、**ファタハ**と PFLP がパレスチナ民族主義運動を支配していたのだということが分かる。

　さらに、ハマスによるパレスチナの民族主義運動のイスラム的側面の再活性化については、地域的な文脈の中でとらえなおす必要もある。

　1980 年代、汎アラブ主義とアラブ社会主義体制が中東全域で危機に瀕していた。イスラム主義運動はこの危機に乗じて繁栄し、パレスチナや近隣アラブ諸国で主導権を握った。たとえば、キャンプ・デイヴィッド合意に署名したエジプトのサダト大統領を 1981 年に暗殺したのはジハード主義の武装集団だった。

ムフティー

イスラム教スンナ派のコミュニティの中で、ムフティーによるイスラム法の解釈は、政治や司法に関わる諸機関においても規範にされている。「大ムフティー」の称号は、ある特定の地域内の宗教的最高権威者を意味する。

ファタハ

ファタハは 1959 年にクウェートで設立された。1969 年、宗教性を排除した社会主義志向のこの政党は PLO の主導権を握った。1970 年の「黒い九月事件」の後、ファタハはヨルダンから追放され、執行部はレバノンに移り、1982 年までそこにとどまった。オスロ合意以降、ファタハは武装闘争を放棄したと表明している。1996 年以降、パレスチナ自治政府の主要幹部職はファタハの党員によって占められている。

Q 1987 年のインティファーダの後、なぜ PLO は和平プロセスという道を選んだのか？

　実は、和平プロセスへの道を開いたのはインティファーダそのものだったのである。西欧的発想では「和平プロセス」と「インティファーダ」は相反する 2 つの現象に見える。しかしパレスチナにとってはそうではない。**パレスチナにとって民衆蜂起とは、イスラエルと交渉する前に有利な力関係を作り出すための手段**なのだ。

　第一次インティファーダがまさにそうで、その結果開催されることになった 1991 年 10 月のマドリード会議は、和平プロセスの第一段階となり、オスロ合意に繋がっていった。

　だがこれは 2000 年から 2005 年にかけての第二次インティファーダに関しても言えることで、第二次インティファーダはオスロの和平プロセスの失敗に対する反応であると同時に、パレスチナの大義にとってより有利な力関係を再構築する試みでもあった。

　1988 年と 1989 年の時点で、PLO はイスラエルに交渉を迫るために民衆蜂起を奨励している。

四半世紀にわたって「海からヨルダン川まで」を統べるパレスチナを主張してきた PLO は、なぜイスラエルとの交渉に応じることになったのか。

　1989 年、西側列強は、第一次インティファーダでの劇的な衝突がイスラエルとパレスチナの交渉のきっかけになるかもしれないと考えていた。しかしながらそのような話し合いを始めるためには前提として PLO が思想と方針を練り直す必要があった。

　事実、パレスチナ民族評議会は、1988 年 11 月、パレスチナを 2 つの国家に分割することを想定した国連決議 181 号を承認し、イスラエル国家を事実上承認することになった。

　フランスのフランソワ・ミッテラン大統領は、1989 年 5 月にヤーセル・アラファトを迎えた際、PLO がパレスチナの代表として国際社会から承認されるためには、PLO のほうでも、イスラエルをパレスチナに住むユダヤ人の正当な代表として承認しなければならないと指摘した。端的に言うと、ミッテランはアラファトに対し、PLO 憲章の見直しを求めたのである。

　1989 年 5 月 2 日、アラファトはフランスのテレビ取材に対して「私はある政治方針に基づいて選出された。その政治方針は 2 つの国家を基盤としている。憲章に関しては、フランス語の表現で言うなれば、時代遅れだ（c'est caduc）」と述べた。アラファトがフランス語で発したこの表現は、国際社会を驚かせた。アラファトがこう表明して以降、PLO 憲章は効力を失った。

　パレスチナにとって、これは政治的にも外交的にも非常に本質的な刷新だったが、それを決定したのは国際社会の圧力だった。PLO は、1967 年の国境線、つまり委任統治領パレスチナの 78％を占めるイスラエルを承認することで、交渉が始まらない

うちから奥の手を出すことになったのである。

　パレスチナはそれと引き換えにヨルダン川西岸地区とガザ地区、つまり残りの 22％に対する完全な主権をイスラエルに認めてもらうことを望んでいた。実際はそうはならなかったし、それこそがオスロ合意が失敗に終わる主な原因となった。

このようにイスラエルを承認したことは PLO とハマスの競合に繋がったか。

　そういうわけでもない。というのも 1980 年代末のハマスはまだかなりマイナーな政治運動だった。

　その代わり印象的なのは、PLO がこの歴史的な決断を下したのと同じ 1988 年 8 月にハマス憲章が発表されたという偶然の一致である。この憲章によって、**ハマスは PLO の後釜に座る意思表示をした**と言える。これ以降はハマスが、PLO に代わって「海からヨルダン川まで」続くパレスチナ国家の樹立を主張してゆくことになる。

　ハマス憲章の特徴はキリスト教の反ユダヤ主義がもっともひどかった時代に匹敵するほどの強烈な反ユダヤ主義である。

　シオニストが「ナイル川からユーフラテス川まで領土を拡大」し、続いて全世界を支配しようという野望を抱いているという妄想がかった主張の裏付けとして、ハマス憲章の第 32 条は、19 世紀末にロシアで書かれた反ユダヤ主義の偽造文書『シオン賢者の議定書』を引用している。

　この点から見ると、ハマスは PLO とはイデオロギー的な設計が根本的に異なっている。PLO は世俗的な運動であり、将来のパレスチナ国家にユダヤ人市民が存在する可能性を否定したことはなかった。

1989 年から 1993 年にかけての和平プロセスの立役者は誰だったのか？　ホワイトハウス前でのアラファトとラビンの歴史的な握手はどのようにして実現したのか？

　1980 年代末、パレスチナの運動には、ディアスポラのパレスチナ人の運動と、国内にいるパレスチナ人の運動の 2 つがあった。PLO はこの 2 つの運動を同じ 1 つの旗の下にまとめることに成功したのだが、オスロ合意のプロセスに関与した者のほとんどはディアスポラのパレスチナ人だった。教育を受け、複数言語を話す彼らは、欧米の外交官に近い。

　1960 年代の北アフリカで西欧化されたエリートたちが脱植民地化を主導したが、彼らと同じように**ディアスポラのパレスチナ人は国際交渉の場で自分たちの主張を伝える手段を持っていた。**

　オスロでの交渉の間、ヨルダン川西岸地区とガザ地区で活動するパレスチナの抵抗勢力は疎外された部分もあり、そのことがハマスの人気を高める一因となった。

　イスラエル側で和平プロセスを推進したのは、まだ幅広い政治的基盤を有していた頃の世俗的な左派だった。1990 年代初頭、イスラエル労働党は、実は社会人口統計学的には主流から外れつつあったが、選挙では依然として優勢だった。労働党の重鎮だったシモン・ペレスとイツハク・ラビンは、パレスチナとの交渉に全力を注いだ。

　しかし、彼らの活動は、和平交渉に全面的に反対でしだいに自信をつけつつあったイスラエルの右派によって厳しく批判された。パレスチナ側は、ハマスが和平プロセスを切り崩そうと、テロ攻撃を繰り返し、その暴力性と凄惨さをしだいに極めていった。1990 年代初頭、オスロの和平プロセスで交渉に参加した者たち

がとっていた立場はつまり、パレスチナにおいてもイスラエルに
おいても世論の総意を反映したものではなかった。

シモン・ペレス（1923–2016）

シモン・ペルスキはポーランドで生ま
れ、11 歳のときに家族とともにパレスチナ
に移住した。キブツで暮らし、1947 年にハ
ガナーに入隊した。1950 年代には国防省
で、核兵器の調達を担当した。1959 年から
労働党の国会議員となり、1970 年代から
1980 年代にかけて数々の閣僚職を歴任し
た。イツハク・ラビンと並び、パレスチナ
との和平プロセスに最も深く関与したイスラエルの政治家の一人
である。1995 年 11 月にラビンが死去した後、首相に就任したが、
翌年、100 人以上の一般市民が命を落とした、イスラエルによる
レバノン南部の国連基地空爆の後、辞任した。2007 年から 2014
年までイスラエル大統領を務めた。

1993 年の時点で、ホワイトハウスの前で得意気な表情を見せていた面々は影響力を失っていたのか？

　それは確かにそうなのだが、それは振り返って見るから分かることだ。歴史を振り返るからこそ、1993 年のアラファトの業績が注目を浴びているいっぽうで、ハマスがガザで力をつけつつあったことが分かる。

　イスラエルに関して、ホワイトハウス前での握手が実はイスラエル労働党の黄金時代の幕引きだったと分かるのもまた歴史を振り返るからこそである。

　実際、中東でも欧米でも、和平プロセスを信じたい関係者たちは、イスラエルとパレスチナの社会を奥底から扇動する地下勢力の重要性を認識しようとしない。これらの地下勢力は、ホワイトハウスの芝生で撮影された写真のリバースショットのようなものである。

Q オスロ合意で規定された領土面での相互承認は、実行可能で維持可能なものだったか。

A この問いをめぐっては歴史学的・政治学的な議論がいまだに続いている。**PLO は、1967 年の国境線によるイスラエル国家を承認することで、切り札を一気に使い果たしたが、それはイスラエルにもパレスチナ国家を承認してもらうことを期待したから**だった。

しかし、1990 年代に入った頃から、イスラエルによる入植が始まっており、和平交渉中もその勢いは増すいっぽうだった。ヨルダン川西岸にはすでに数十万人の入植者がいた。だからイスラエル国家としてはどうしても時間を稼ごうとするかたちになった。見方によっては、入植者たちを交渉に利用しようとするようになった。なかでも、パレスチナの諸領域を A 地域、B 地域、C 地域の 3 つに分けたのにはそういう意図があった。

A 地域は、いくつかの大都市と飛び地からなっており、イスラエル軍の侵入が禁じられているわけではないものの、パレスチナ自治政府の自治管理下にある。

現在、この区域はヨルダン川西岸地区のかろうじて 20％、つまり旧委任統治領パレスチナの 4％未満を占めているにすぎない。たとえば、ガザ地区の一部やエリコは A 地域に含まれている。

しかし、ヨルダン川西岸地区南部で最大の都市、ヘブロンでは、A 地域は都市全体をカバーしていない。1970 年代にイスラエル人が入植した地区に関しては、イスラエル軍が管理している。ユダヤ教徒にとってもイスラム教徒にとっても、ヘブロンにある族長たちの墓は重要な聖地であるが、ユダヤ人が相次いでヘブロンに入植したのはそれだけが理由ではなかった。1929 年 8 月、70

人近い一般市民を死に至らしめたポグロムの後、ユダヤ人が立ち退きを余儀なくされた地域に戻るためでもあった。

　それ以外のパレスチナの都市、村、難民キャンプはイスラエル軍の管理下にあり、B 地域を形成している。そして、イスラエル国家の完全な支配下にあるのが C 地域である。大規模な入植地のほとんどが C 地域にある。C 地域はヨルダン川西岸地区の60％以上を占めている。

　占領地の大部分を掌握し続けたいというイスラエルの欲望の他にも和平プロセスを台無しにする要因はあった。交渉担当者たちは、エルサレムの地位や難民の処遇といった最も複雑な問題を和平プロセスの最後まで先送りすることに決めていた。

　さらに、入植の続行に加えて、テロ攻撃が彼らに絶え間ないプレッシャーを与えていた。イツハク・ラビンは当時、「和平プロセスなどないかのようにテロと戦い、テロなどないかのように和平の実現に取り組まなければならない」と発言している。**1995年 11 月に彼が暗殺されたことは、オスロの和平プロセスにとって致命的な打撃だった。**

パレスチナ自治政府

　オスロ合意調印後、将来のパレスチナ国家建設までの 5 年間という暫定期間を定めて創設された政府。1996 年以降、大統領と議会を備える。イスラエルとパレスチナの和平プロセスが失敗に終わったことで、パレスチナ自治政府は現在も存在している。

Q イツハク・ラビンを殺したのは、彼と同じようにユダヤ教を信仰するイスラエル人だった。このことをどう説明するのか。

A イスラエルの最近の歴史はすべてこの暗殺に集約されている。ラビンの経歴はそれ自体興味深い。労働党の政治家であるが、職業軍人でもあり、元参謀総長だったことから、しばしばド・ゴール将軍と比較された。

彼は、イスラエルの市民社会に訴えかけるにあたって、自身はかつて戦争に参加し、パレスチナ人を殺したが、今では彼らと和平を結ぶことが不可欠だと考えていると語ることができた。

当時、入植者や宗教シオニストの支持者を増やしていた**イスラエルの極右勢力は、イツハク・ラビンがイスラエル人に和平を説くのに必要な精神的・政治的権威を持っていることを知っていた。それこそが、過激派ユダヤ人テロリストが彼を抹殺しようとした理由**だった。宗教シオニストのイガル・アミールは 1995 年 11 月、イツハク・ラビンの暗殺に成功した。

ある平和集会の終わりに、イガル・アミールはイツハク・ラビン首相から数十センチメートルの距離まで接近し、銃口を押し当てられるほど近くから射殺した。このテロ攻撃はまた、イスラエルの治安機関の盲点を突いてもいた。つまり、**パレスチナのテロリストを監視することに集中するあまり、ユダヤ人によるテロリズムの再燃には無頓着**だったのである。

嫌な表現になるが、イガル・アミールは目的を達成した。1995 年 11 月、イスラエルは大きな動揺に包まれ、シモン・ペレスが一時的に政権に返り咲いたけれども、歴史家たちは今日、

和平プロセスはラビンの暗殺によって本当の終わりを迎えたと考えている。結局、**オスロの和平プロセスは短い小休止に過ぎなかった。**1996 年 6 月に、和平交渉に断固として反対するベンヤミン・ネタニヤフが政権を握ったことは新たな兆しだった。

　その後 10 年間、パレスチナでは凄まじい混乱の中へ突入する準備が着々と進んでゆくことになる。

オスロ合意に基づくパレスチナ諸領土の分割 1993–1995年

ヨルダン川西岸地区

● A 地域　パレスチナによる自治

◉ B 地域　イスラエルとパレスチナの共同管理

○ C 地域　イスラエルの単独管理

○ イスラエル入植地

— 「グリーン・ライン」、1949 年の休戦ライン

ガザ地区

● パレスチナによる自治区域

○ 「イエロー・エリア」、イスラエルとパレスチナの共同管理

○ 入植地、イスラエルの単独管理

ジェニン・

・ナーブルス

ラマッラー・

エリコ・

・東エルサレム

グリーン・ライン

・ベツレヘム

地中海

ガザ・

死海

・ヘブロン

オスロ合意で予定されていたが、
具体化されていない、ガザ地区と
ヨルダン川西岸地区を結ぶ通路

北

20km

資料提供：国際連合

イスラエルによるパレスチナ諸領土への入植状況 2023年

ヨルダン川西岸地区

⬤ A 地域　パレスチナによる自治

⬤ B 地域　イスラエルとパレスチナの共同管理

⬤ C 地域　イスラエルの単独管理

⬤ イスラエル入植地

— 「グリーン・ライン」、1949 年の休戦ライン

— イスラエルが建設した、または建設中の分離壁

ガザ地区

⬤ パレスチナによる自治区域

— イスラエルの分離壁

— エジプトの柵

--- 海上封鎖

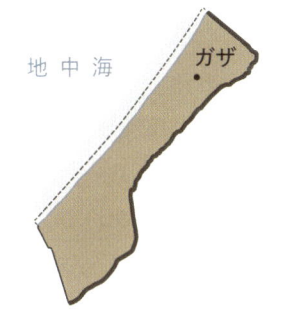

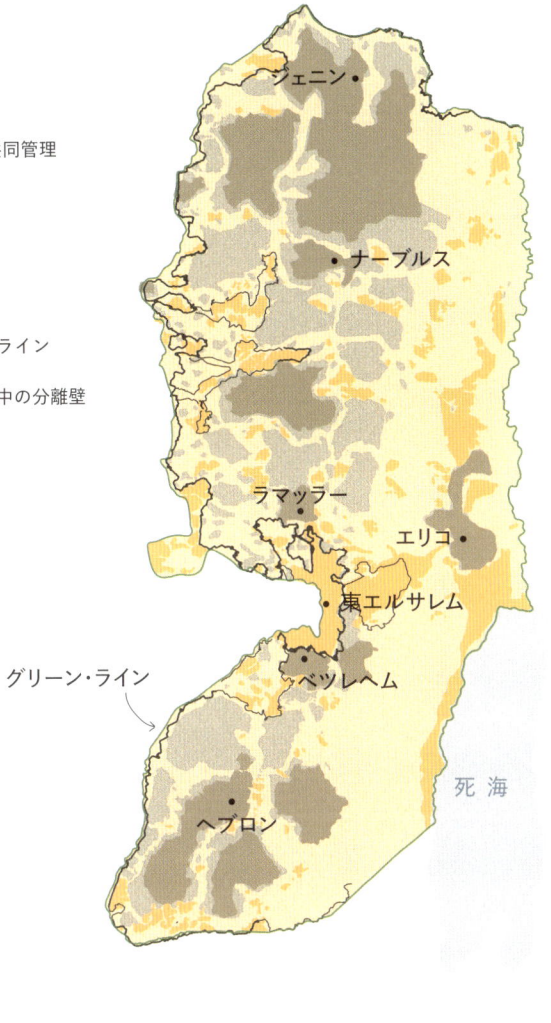

資料提供：国際連合

北

20km

Israel

2007年

混乱へ

イスラム運動、イスラム各派、そしてパレスチナ人民の
あらゆる活発な勢力の参加なくして、
パレスチナ人同士の合意はありえない

イスマエル・ハニヤ、ガザ、2007 年 6 月 15 日

Palestine

Chapter 6

2006 → 2023

ヒズボラに対してイスラエルがレバノンを地上攻撃	Jul-Aug, 2006
ハマスがガザを掌握	Jun, 2007
中東和平のための最後の大規模な国際会議がアナポリス（米国）で開催される	Nov, 2007
パレスチナがユネスコの正式加盟国になる	Oct 31st, 2011
パレスチナが国連のオブザーバー国となる	Nov 29th, 2012
米国大使館のエルサレム移転	2018
イスラエルを「ユダヤ民族のための民族国家」と定義し、アラビア語を公用語から外す基本法がクネセトで可決される	2018
ガザで帰還の行進（200人以上のパレスチナ人が死亡）	2018-2019
イスラエルで極右政党が政権を握る	2022
ハマスが「アル・アクサ洪水作戦」を開始（民間人800人を含む1140人が死亡）。2024年1月20日までにイスラエルの反撃により約25,000人が死亡（ハマス保健省発表）	Oct 7th, 2023

Q 2007 年はなぜ重大な転機なのか。

A **パレスチナ人同士の本格的な内戦が終わった年**だからだ。
　それはパレスチナ自治政府を支配するファタハと、2006 年の
パレスチナ立法評議会選挙で勝利したハマスの対立だった。
2007 年 6 月、ハマスがファタハの幹部を暗殺し、ガザ地区で権
力を掌握した。ガザ地区からの PLO の追放は極めて暴力的だっ
た。

立法評議会選挙でのハマスの勝利
2006年

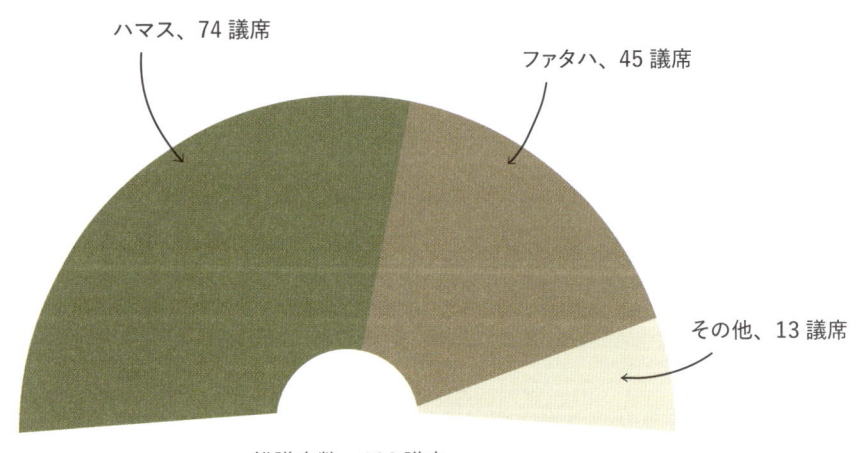

ハマス、74 議席

ファタハ、45 議席

その他、13 議席

総議席数　132 議席

出典：パレスチナ中央選挙管理委員会

Q　なぜパレスチナ人同士の内戦になってしまったのか？

　2006 年、ハマスが初めてパレスチナ立法評議会選挙に参加した。国際的な専門家筋によれば、**ハマスの勝利は公正なものであった**。大きな不正はなく、投票率は非常に高かった。パレスチナ立法評議会の議席配分の仕組みが、ハマスの相対的優勢を圧倒的勝利に変えた。得票率 43％で、ハマスが 74 議席を獲得したのに対し、ファタハは 45 議席にとどまった。

　設立から 20 年目にして、ハマスは勝利を収め、それまで行なってきたあらゆる政治的投資の利益を得ることになった。

　この選挙結果を受けて、パレスチナ自治政府の**マフムード・アッバース**大統領は、ハマスの指導者である**イスマエル・ハニヤ**を首相に選んだ。

　この連立政権はすぐに対立に転じた。実際、国際社会とファタハは、現地での統治に関してハマスに裁量の余地を与えなかった。すぐに武力衝突が増えてゆき、2007 年 6 月にはハマスがガザを掌握するに至った。

マフムード・アッバース（1935年−）

　マフムード・アッバースは、ユダヤ人とアラブ人が共存していた委任統治領パレスチナのサフェドで生まれた。第一次中東戦争後、シリアに亡命。ファタハ、そしてPLOの創設に関わり、これら2つの組織で財務を担当した。PLO内では、1970年代末からイスラエルの和平推進派との対話を提唱。1990年代に入ると、イスラエルとパレスチナの和平プロセスの中心人物となる。PLO内では、1970年代末からイスラエルの和平推進派との対話を提唱。1990年代に入ると、イスラエルとパレスチナの和平プロセスで重要な役割を果たした。

　2003年にパレスチナ自治政府の首相に就任したが、一部のパレスチナの民族主義者たちから欧米列強と親密すぎると見られていたため、任期はわずか数カ月にとどまった。ヤセル・アラファトの死後はパレスチナ自治政府の大統領を務めている。

イスマエル・ハニヤ（1963 – 2024）

　　ガザ地区の難民キャンプで生まれる。若くしてムスリム同胞団に親しみ、初期のハマスの活動家であったが、投獄され、レバノンに追放された後、1993 年にガザに戻った。2000 年代半ばにハマス内の穏健派として登場し、2005 年の市議会選挙と 2006 年の立法評議会選挙でハマスの躍進に貢献した。2006 年にマフムード・アッバースによってパレスチナ首相に任命されたが、2007 年 6 月にハマスがガザを掌握した後に解任された。2017 年からハマスの政治局長を務める。

Q 同胞殺し的な紛争の勃発に、国際社会はどのような役割を
果たしたのか。

A 　オスロの和平プロセスの残骸を生かそうとするあまり、国際社
会はファタハの指導力に固執し、その姿勢はファタハが選挙で敗
れた後も変わらなかったが、それは今日の状況を生み出すことに
なる重大な過ちだった。2004年に亡くなったヤーセル・アラファ
トは、極めて鮮烈な記憶を残した。そのため、国際社会は彼の直
接の後継者と見なされていたマフムード・アッバースに肩入れし
た。

　パレスチナ自治政府の同意を得て、**西側諸国はハマスの全体を
テロ組織と見なす**ことを決定した。たとえばレバノンのヒズボラ
に関しては、政治部門と軍事部門を区別するという結論を出して
いるが、ヒズボラの場合とは異なり、国際社会はハマスの政治部
門が対話の相手となる可能性を考慮することを拒んでいる。

Q　同じ頃、ガザでイスラエルはどのような立場だったか。

　2001 年から 2006 年にかけてイスラエルの首相を務めた**アリエル・シャロン**は、ハマスがガザで最も有力な政治勢力になったことに気づいていた。

　またガザでパレスチナ自治政府が置かれている状況がしだいに危険なものになってきていることにも気づいていた。2005 年、アリエル・シャロンはガザ地区のイスラエル入植地の解体を決定した。

　この一方的な撤退の決定に、当時、イスラエルの極右勢力は憤慨した。撤退に対する現地での抵抗は激しかった。入植者たちの中には自らを家に縛り付けた者たちもいた。

　また、ショアを思い起こさせるために、収容所の囚人服を着た者たちもいた。8 千人の入植者をガザから避難させるために、2 万 5 千人の警察官を動員しなければならなかった。つまり、入植者 1 人に対して警察官 3 人！　イスラエルの治安部隊にとって、この作戦は大変な試練だった。

　こうして振り返ってみると、今日の状況を理解しやすくなる。現在、**ヨルダン川西岸地区と東エルサレムには 70 万人の入植者**がいる。つまり 2005 年にガザから撤退させられた入植者のほぼ 100 倍である！

　当時動員しなければならなかった兵力を考えると、**イスラエル国家による自発的かつ一方的な入植地の解体という選択は、今では実現不可能に思われる**。

　これもまた、最近のガザの歴史を振り返るからこそ分かることだ。

イスラエルの入植地解体前のガザ
2005年

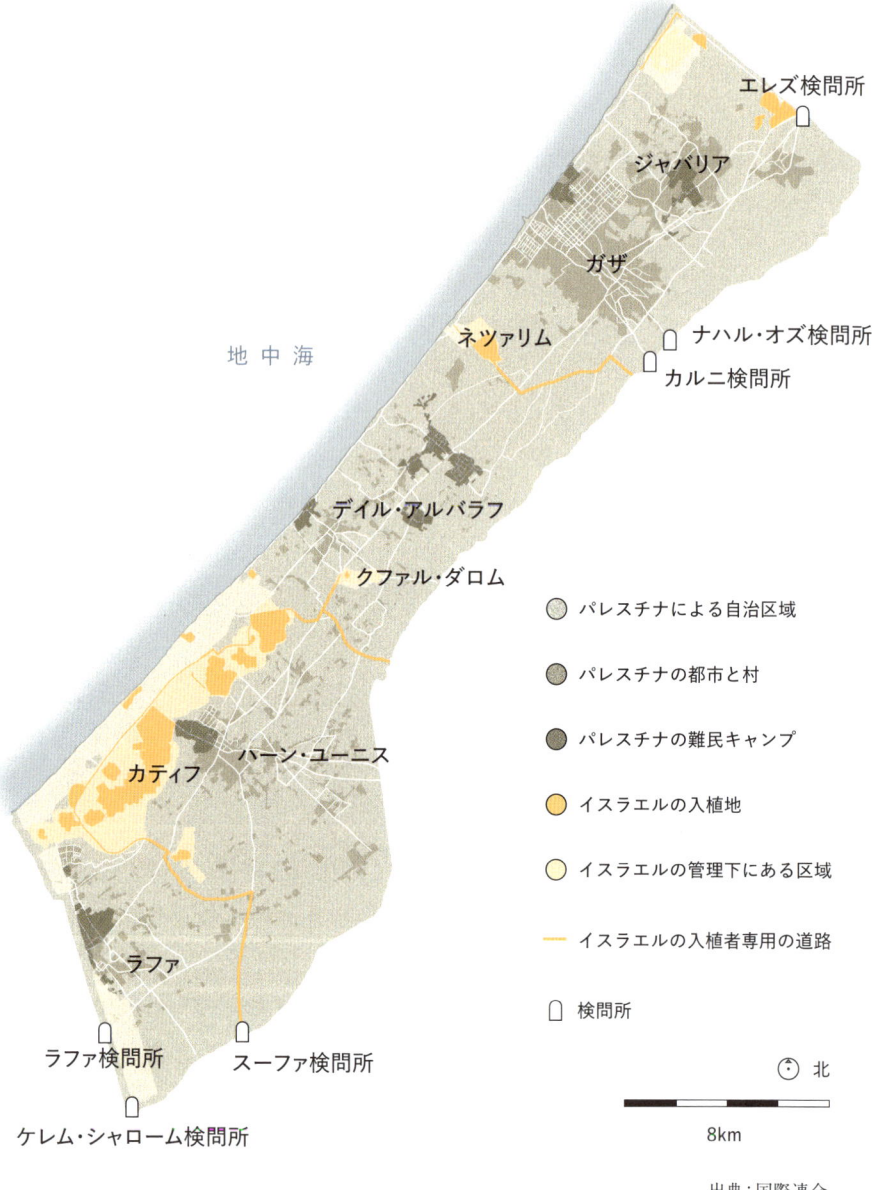

地中海

エレズ検問所

ジャバリア

ガザ

ネツァリム

ナハル・オズ検問所

カルニ検問所

デイル・アルバラフ

クファル・ダロム

○ パレスチナによる自治区域

○ パレスチナの都市と村

● パレスチナの難民キャンプ

○ イスラエルの入植地

○ イスラエルの管理下にある区域

— イスラエルの入植者専用の道路

⌂ 検問所

ハーン・ユーニス

カティフ

ラファ

⊙ 北

ラファ検問所

スーファ検問所

8km

ケレム・シャローム検問所

出典：国際連合

アリエル・シャロン（1928–2014）

　本名、アリエル・シャイネルマン。委任統治領パレスチナのとある村で生まれる。両親は旧ロシア帝国出身で、1920 年にパレスチナに移り住んだ。ハガナーに入隊した後、イスラエルの建国後にツァハルに入隊。1951 年、イスラエル初の特殊部隊の隊長に任命される。第三次中東戦争ではシナイ半島の攻略に参加し、名声を高めた。1973 年、総選挙に備えて右派政党連合リクードの結成に携わった後、第四次中東戦争中に召集され戦地に赴く。1977 年、メナケム・ベギン率いるイスラエル初の右派政権の一員となる。1982 年、レバノンのサブラーとシャーティーラーのキャンプでパレスチナ難民が虐殺された事件をきっかけに国防相を辞任し、数年間政界から遠ざかる。2001 年から 2006 年まで首相を務め、2005 年 8 月にはガザ地区からの入植者の一方的な撤退を決定した。

ガザ地区からのこの一方的な引き揚げは、パレスチナの運動を分裂させるためのイスラエルによる戦略だったと分析することはできるか。

　そのような仮説は、今日、イスラエルのメディアで公然と唱えられ、議論されている。実際、2023年10月7日まで、イスラエルの諜報機関はパレスチナ自治政府を弱体化させる目的で、ハマスと危険な駆け引きを行なっていたのである。

　イスラエルがパレスチナの内部分裂を利用したことは間違いない。2007年にガザ地区から追放されたパレスチナ自治政府は、現在、名ばかりの権限しか持っていない。ヘブロン、ベツレヘム、ラマッラー、ナーブルス、ジェニン、エリコ周辺の小さなA地域をいくつか管理しているに過ぎない。そして、これらの都市においてさえ、パレスチナ自治政府は軍隊を配置していない。

　これらの領土は国際的に認められた国境線によって区切られているわけではない。さらには、パレスチナ自治政府は自国の通貨を発行することもできない。主権国家なら当然持っているはずのものを持たないパレスチナ自治政府は国家ではない。**ガザから追放されて以来、もはや原始国家であると主張することさえできない**。

　さらに、ハマスがガザで権力を掌握するとすぐに、イスラエルは極めて厳しい封鎖を敷いてガザを窒息状態に陥れた。これによりガザ地区の経済的自由は失われ、ガザ市民の極度の貧困化が始まった。

移住による入植地形成へ
パレスチナ諸領土における
イスラエル人の人口推移
1990-2020年

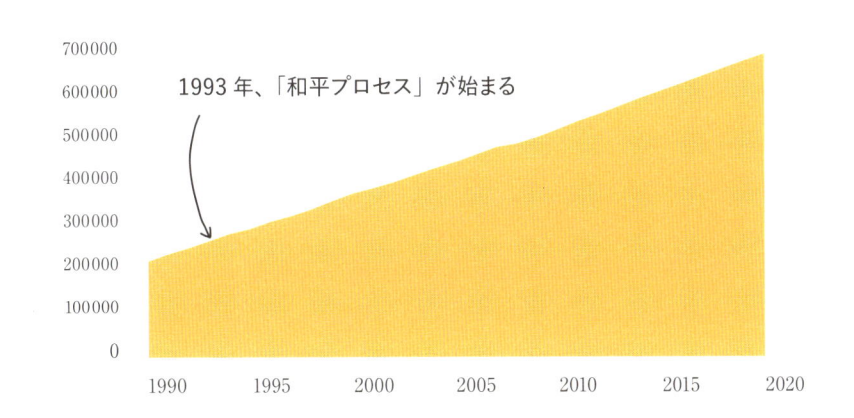

1993年、「和平プロセス」が始まる

グラフの数字にはイスラエルの公的統計に含まれない
東エルサレムの入植地も含まれている。

資料提供：パレスチナ中央統計局、イスラエル中央統計局、ベツェレム、La Paix maintenant

このような混乱へ向かう流れは中東の他の地域でも見受けられるか。

　見受けられる。**とくにレバノンで顕著である。**2006 年、レバノン南部で<u>ヒズボラ</u>とイスラエル軍が激しく衝突した。1982 年、イスラエルはすでにレバノン領内の奥深く、ベイルートまで侵入したことがあった。<u>レバノン戦争（1975 〜 1990 年）</u>中のこの出来事は、ヒズボラの強化に繋がり、ヒズボラは現在、本格的な軍隊を保有している。その戦力は高度な訓練を受けた戦闘員 5 万人以上相当と推定される。

　さらに、いくつもの特殊部隊を持ち、軍備レベルもハマスよりはるかに高い。そしてハマスとは異なり、ヒズボラはその軍事部門だけが国際社会からテロ組織とみなされている。

　2006 年の夏、イスラエルとヒズボラの熾烈な軍事衝突は、イスラエルにとって有利な展開にはならなかった。準備不足のままツァハルが実行した軍事作戦は、イスラエルの兵士と一般市民、合わせて数十人の死者を出した。この「第二次レバノン戦争」ゆえに、イスラエルは現在、たとえばレバノンやガザのような、敵地に侵入することに非常に慎重で消極的になっている。

　実際、2000 年代後半から 2010 年代にかけては、イスラエル・パレスチナ紛争の「偽の平坦<ruby>平坦<rt>フォールスフラット</rt></ruby>」期のようなものだったと言える。国際社会が交流を続け、ともに記念写真を撮り続けていたマフムード・アッバースはすでに状況を制御できなくなっていた。国際社会が評価し続けていたイスラエルの和平陣営はしだいに孤立しつつあった。紛争の主役は彼らではなく、いまやヒズボラであり、ハマスであり、イスラエルの極右勢力だった。

2007 年はつまり、状況が紛糾し始めようとする転換期だった

が、国際社会の主要メンバーたちは必ずしもそのことに気づいていなかった。その証拠に、2007 年 11 月にアメリカのアナポリスで中東和平に関する最後の大規模な国際会議が開催されたが、何の成果も残らなかった。

ヒズボラ

アラビア語で「アッラーの党」を意味するヒズボラは、レバノン南部における外国軍の存在に対抗するために 1982 年に創設された。以来、イスラエルに対して聖戦を繰り広げている。イデオロギー的には、ヒズボラは 1979 年以来イランのイスラム革命を指揮してきたシーア派の指導者ホメイニ師の薫陶を受けている。

レバノン戦争（1975 〜 1990 年）

レバノンの様々な民兵を 15 年にわたって戦わせ続けたこの内戦は、イスラエル・パレスチナ紛争と切り離して考えることはできない。経済危機や、マロン派キリスト教徒を優遇する宗派主義的な政治システムによって生じたフラストレーションだけでなく、PLO がレバノン南部の難民キャンプで軍事活動を拡大させたことも、レバノン国内で宗教間の緊張が高まり、1975 年に内戦が勃発する要因となった。

Q 2007年に、パレスチナとイスラエルの両方で、最も急進的な政治勢力が前面に出てきたのはなぜだろうか。

　イスラエルに関しては、たとえば入植者や宗教シオニストの人口の急増など、**長い間可視化されていなかった社会人口統計学的変化が主な理由**として挙げられる。

　これまでイスラエルの人々はイスラエル社会で起きている政治的急進化の現象を見たがらなかった。1995年に、イガル・アミールがイツハク・ラビンを暗殺した時、彼は社会から完全に孤立した存在かのように言われていたが、実際には、少数派ではなくなりつつあった社会の一部を代表する存在だった。

　しかし、極右勢力と入植者たちがこれほど迅速に権力を握ったのは、イスラエルの左派が政治資金のすべてを投入したオスロの和平プロセスが失敗に終わったからでもある。それ以来、イスラエルの政界はかなり過激化している。

　アヴィグドール・リーベルマンは、外相だった2013年当時、極右の代表と見られていた。その彼が今ではほとんど中道派で通っている！

　ナフタリ・ベネットについても同じことが言える。2015年、教育大臣を務めていた時に打ち出した改革によって、彼は**ネタニヤフ**首相よりもかなり右に位置づけられたが、現在は中道右派に分類されている。これらはすべて、**イスラエルの政界における右派の過激化が加速していることの表れ**である。

　同じく状況を変えたのは、ネタニヤフ首相の指揮下で超正統派と宗教シオニストが同盟を結んだことだ。これは歴史的な大転換だった。

ベンヤミン・ネタニヤフ（1949-）

　　　　1979 年、移住先の米国で「テロに関する会議」を主催したことが政界入りのきっかけとなった。その目的は、対テロ作戦中に殺害された、軍将校だった兄の思い出を称えるためだったが、それと同時に、治安維持のためのもっとも強硬な対応を含むあらゆる手段で、イスラエルが「平和」を得る権利を主張するためでもあった。1996 年、リクードの党員として、イスラエル史上最年少の首相に就任した。また、在任期間の最長記録も保持している。第 1 期（1996 〜 1999 年）には、イスラエル・パレスチナ和平プロセスが低速化した。第 2 期（2009 〜 2021 年）には、イスラエルによる入植とアラブ諸国との外交関係正常化を推進した。2022 年、超正統派政党とユダヤ至上主義の極右政党を含む連立政権によって、政府のトップに返り咲いた。彼の司法制度改革計画は、イスラエルの一般市民による大規模な反対運動を引き起こしたが、この反対運動は 2023 年 10 月 7 日に中断することになる。

イスラエルとパレスチナの人口バランス 2020年

イスラエル

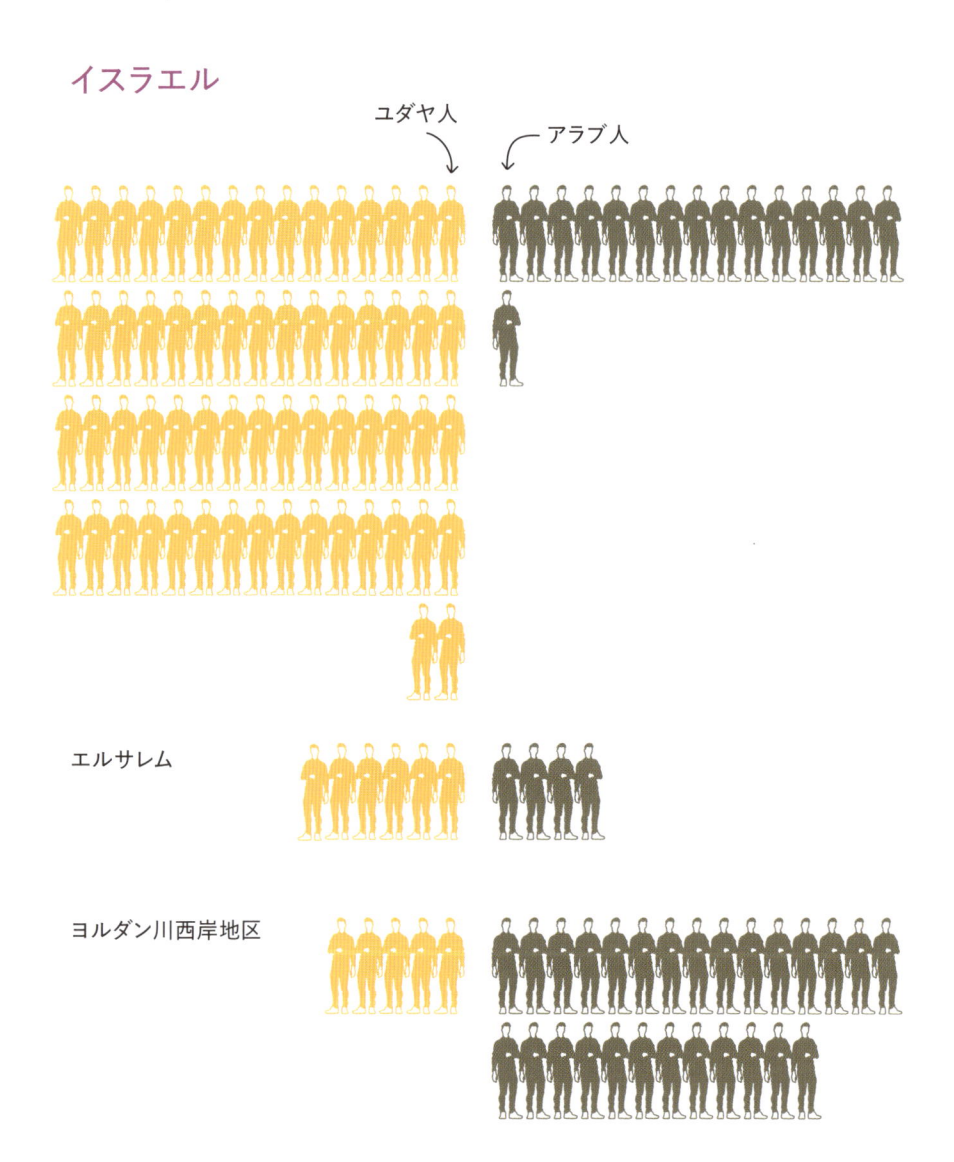

ユダヤ人

アラブ人

エルサレム

ヨルダン川西岸地区

引用元：イスラエル中央統計局 2020 年、国際連合人道問題調整事務所、イスラエルの人口調査

ガザ地区

ユダヤ人

アラブ人

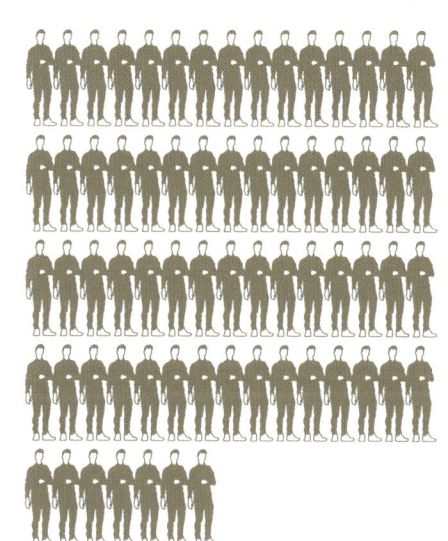

パレスチナの領土外にいる難民

図中に描かれた人 1 人が 10 万
人の住民を表している。

パレスチナ人のさまざまな法的地位は表
現されていない。したがって、イスラエル
にいるパレスチナ人は「パレスチナ人の人
口」に含まれている。

読みやすさに配慮して、非アラブ系少数
民族出身のイスラエル国民 44 万 8000 人
はユダヤ人の人口に含まれている。

パレスチナ側の急進化はなぜ起こったのか？

　国際社会が一生懸命支えてきたパレスチナ自治政府は、世論の信用を徐々に失いつつある。今日、パレスチナ人には、自治政府のありのままの姿が見えている。イスラエルの諜報機関と協力して武装抵抗運動を弾圧している、時代遅れの腐敗した組織の姿である。結局のところ、マフムード・アッバースとその側近の功績は外交課題に関するものだけだった。

　国際法の面で、パレスチナ自治政府は確かにいくつかの勝利を収めた。**2011 年、パレスチナはユネスコの正式加盟国となった。翌年には国連のオブザーバー国家の資格も与えられた。**パレスチナ自治政府が外交で収めたこれらの成功に、ドナルド・トランプ政権下のアメリカとイスラエル政府はすっかり気を悪くして、2017 年にユネスコから脱退することを決めた。パレスチナの世論にとっては、これらの勝利がおそらくパレスチナ自治政府の唯一の功績だろう。

これまでのすべてが10月7日に繋がっていったのだろうか。

　2023年10月7日の出来事を導いたすべての要因を把握するにはまだ日が浅すぎるが、ハマスがあの作戦を実行したのは**イスラエル社会の内部分裂と治安組織の弱体化を利用するため**だったということは確かである。

　実際、ハマスはその前の数カ月間、平和的で穏健なふりをすることで、敵の目を欺いていた。ハマスの指導者たちがイスラエル社会に精通していることを忘れてはならない。

　また彼らの多くはヘブライ語を完璧に話す。獄中で覚えたのである。イスラエルの新聞を読み、長期的な戦略的ビジョンを描くことができた。そのことを忘れてはならない。

Q 今日、極端な政治勢力の陰に、イスラエルとパレスチナ双方の和平運動の可能性がまだ残っていると期待できるだろうか。

A イスラエルとパレスチナの紛争の歴史を 130 年前から辿り直してみると、「歴史のいたずら」のいくつかを見てとることができた。「歴史のいたずら」という言葉で何が言いたいかというと、歴史の進展がきわめて予想外の道を辿る可能性があるということだ。

因果関係が時に意表を突くような繋がり方をしてゆくことがある。第四次中東戦争の後にはキャンプ・デイヴィッド合意があった。第一次インティファーダの後にはオスロの和平プロセスがあった。オスロの和平プロセスの後に第二次インティファーダがあった。

これらすべての出来事の繋がりを予測するのは困難だった。というのも、我々は常にそれまでの図式で物事を考えるからだ。

今日、イスラエルとパレスチナの状況は間違いなく悲劇的だ。10 月 7 日のハマスの攻撃にしても、ガザ地区でのイスラエルの反撃にしても、ヨルダン川西岸地区での入植者によるパレスチナ市民に対する残虐行為にしても、かつてないほどの凄まじい暴力である。したがって状況は極めて暗い。

しかし、このような状況においてこそ、歴史は急に向きを変え、思いもよらない道を歩み始めることがある。歴史の続きはどこにも書かれていないのだ。

2023年10月7日の虐殺に対する
イスラエル軍の反撃
100日後の様子

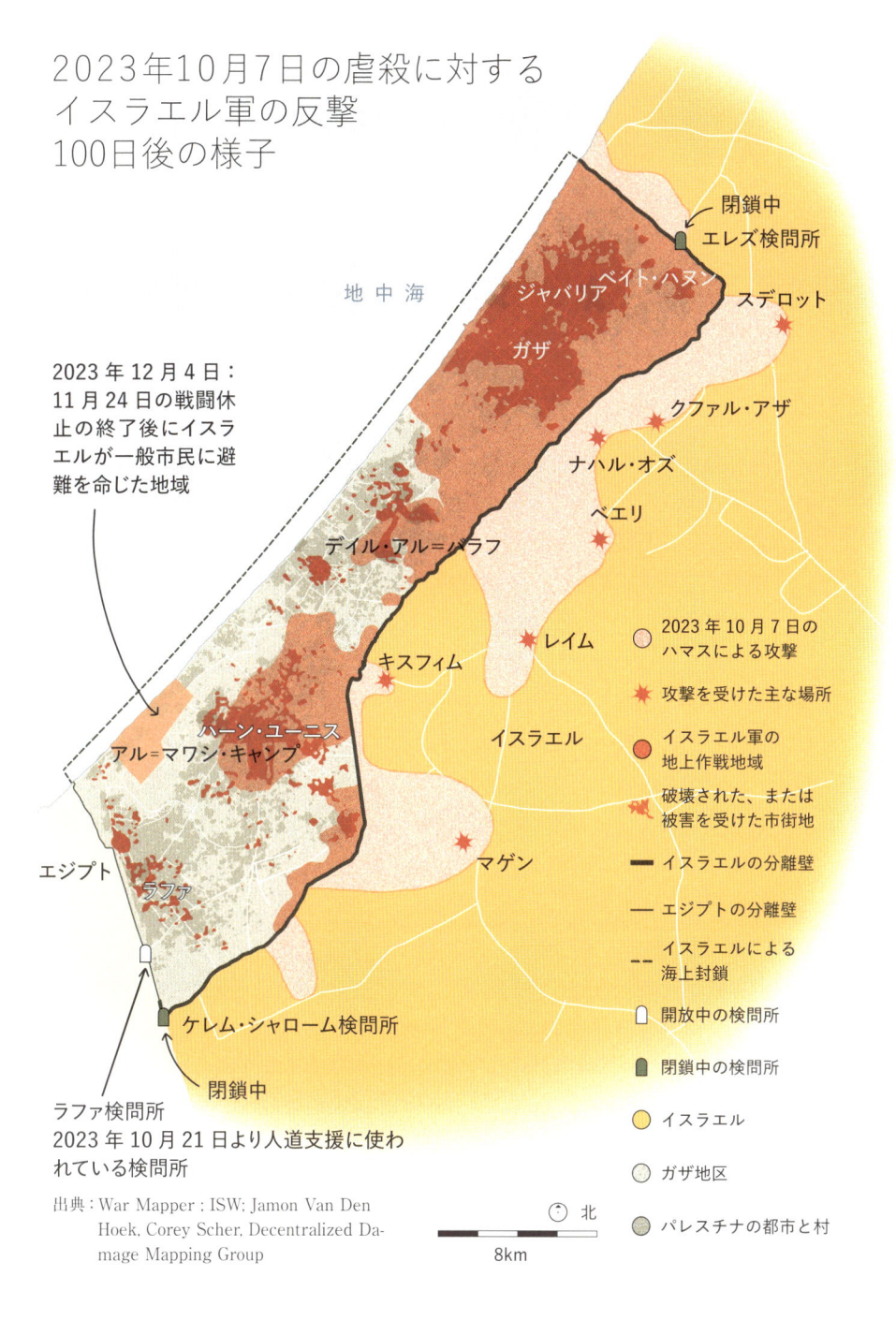

地中海

ジャバリア

ベイト・ハヌン

閉鎖中
エレズ検問所

スデロット

ガザ

2023 年 12 月 4 日：
11 月 24 日の戦闘休
止の終了後にイスラ
エルが一般市民に避
難を命じた地域

クファル・アザ

ナハル・オズ

ベエリ

デイル・アル＝バラフ

レイム

キスフィム

ハーン・ユーニス
アル＝マワシ・キャンプ

イスラエル

エジプト

マゲン

ラファ

ケレム・シャローム検問所

閉鎖中

ラファ検問所
2023 年 10 月 21 日より人道支援に使わ
れている検問所

2023 年 10 月 7 日の
ハマスによる攻撃

攻撃を受けた主な場所

イスラエル軍の
地上作戦地域

破壊された、または
被害を受けた市街地

イスラエルの分離壁

エジプトの分離壁

イスラエルによる
海上封鎖

開放中の検問所

閉鎖中の検問所

イスラエル

ガザ地区

パレスチナの都市と村

出典：War Mapper : ISW; Jamon Van Den
Hoek, Corey Scher, Decentralized Da-
mage Mapping Group

北

8km

2023 年 10 月 7 日後に何が起きたのか

NHK 解説委員 **津屋 尚**

　2023 年 10 月 7 日は、憎しみと報復の連鎖が続いてきたイスラエルとパレスチナの複雑な歴史の中でも最も血塗られた一日となった。パレスチナのガザ地区を拠点とするイスラム原理主義組織ハマスがイスラエルに対する大規模な襲撃作戦を実行。イスラエルに向けてロケット弾による "飽和攻撃" を行ったほか、戦闘員がイスラエル領に侵入し、外国人を含む民間人やイスラエル軍兵士を殺戮。殺害された犠牲者の数は 1 日だけで約 1200 人にのぼった。ハマスは約 250 人を連れ去り人質とした。

　この事件をきっかけに、イスラエル・ネタニヤフ政権はハマスに対する軍事作戦を開始。パレスチナの人々が住むガザの地でさらに悲惨な殺戮が繰り広げられることになる。この紛争はイスラエルとパレスチナの関係にとどまらず、ハマスを支援するイランをはじめ中東全体を巻き込んだ軍事衝突に発展する危険をはらんでいる。その情勢の行方は、中東のみならず世界の安定にとって極めて重大な影響を及ぼすだろう。日本にとってもこの戦争の行方は決して対岸の火事ではないのだ。

ガザ戦争への導火線

　フランス語の原題 Israel-Palestine: Anatomie d'un Conflict と題したこの本には、2023 年 10 月 7 日以降の情勢は一部の記述を除いてほとんど触れられていない。しかし、なぜハマスがイスラエルに大規模かつ残酷な襲撃を行い、対するイスラエルがかつてなく苛烈な反撃に撃って出たのか、いまのガザ戦争に至る "導火線" とも言える対立の歴史、言い換えれば、イスラエルとパレスチナが激しく反目し続ける背景を知る糸口を、読者はこの本から見出す

ことができるだろう。

　ルミールがこの本で指摘しているように、アラファト議長が率いた PLO が将来のパレスチナ国家にユダヤ人市民が存在する可能性を否定しなかったのに対して、ハマスのイデオロギーはその正反対だった。国際社会が 1993 年のオスロ合意を受けてイスラエルとパレスチナの和平への期待を高めていった最中にも、強烈な反ユダヤ主義を掲げるハマスが徐々に支持を広げていき、イスラエルの側でも、パレスチナの住民を追い出してイスラエル人の居住区を拡大する入植活動が勢いを増し、和平に反対するテロ事件も頻発していたことは見落とせない現実だった。そして 1995 年、アラファトらとともにノーベル平和賞を受賞したラビン首相が暗殺され、翌年、和平交渉に断固反対のネタニヤフが政権の座についたことは、その後、凄まじい混乱が始まる新たな兆しだったとルミールは指摘している。

　国際社会は、敵対者との和解を唱える穏健な勢力に未来への希望を見出し、その勢力が優勢だと希望的観測にすがりがちだ。しかし現実は、思惑通りにはいくとは限らない。一筋縄ではいかない歴史的背景を深く理解し、（見たくない現実だとしても）より厳しい現実を直視し、対処することが重要なのだろう。

ハマスによる大規模襲撃事件

　パレスチナのガザ地区は、地中海沿いに約 50km にわたって横たわる細長いエリアだ。イスラエルはテロの防止を理由にガザ地区全体を長大なフェンスと壁で囲って封鎖し、200 万人もの住民たちは外部への移動を厳しく制限されていることから「天井のない世界最大の監獄」とも呼ばれてきた。

　このガザ地区を実効支配するイスラム組織ハマスによる大規模な襲撃作戦「アルアクサの洪水」が始まったのは、2023 年 10 月 7 日午前 6 時半ごろ。イスラエル領内に向けて数千発ものロケット弾が発射された。さらにハマスの軍事部門カッサム旅団などの戦闘員少なくとも 1000 人がガザ地区を囲むフェンスや検問所を破壊したり、動力付きのパラグライダーに乗ったりしてイスラエル領内に侵入。近隣の町や村、それに音楽イベントの会場などを襲撃

し、人々を次々に無差別に殺戮した。犠牲者の数は1200人以上にのぼった。ハマスはさらに欧米などの外国人を含む250人を連れ去り人質にした。

　この事件は、イスラエル建国以来最悪の惨事であり、同盟国アメリカを含め世界にも大きな衝撃を与えた。襲撃の前日10月6日は、ユダヤ教最大の祝日「ヨム・キプール」だった。また、エジプトとシリアがイスラエルに奇襲を仕掛けた「第4次中東戦争」の開戦からちょうど50年の節目の日でもあり、ハマスのあらゆる動向を把握しているとされたイスラエルの情報機関モサドをしても事前に察知することができなかったことも世界に驚きをもって受け止められ、一部にはイスラエル側の気の緩みを指摘する声もあった。

イスラエル　国際人道法違反の軍事作戦

　いずれにせよ、イスラエルのネタニヤフ政権にとっては、ハマスにこれほど大規模な襲撃を許したことは大失態に他ならない。ネタニヤフ首相はただちにハマスとの戦争状態を宣言し、イスラエル軍はガザ地区に大規模な空爆を開始。さらに10月27日、ハマスの壊滅と人質の奪還のためだとしてガザ地区に戦車をはじめ多数の地上部隊を投入、地上侵攻作戦に乗り出した。軍事的に見れば、市街戦は最も困難な戦闘の一つで、ガザの市民にも一層大きな被害が出ることが予想されたが、ネタニヤフは「ハマスによるテロはホロコースト以来の大虐殺だ」という表現を多用し、ハマスの存在を消し去るべきだと主張。ハマスの襲撃を受けて高まったイスラエル国民の憎悪を煽った。地上作戦に踏み切る決断は、軍事的合理性による決断というよりも政治的な動機による決断の側面が強い。

　一方、同盟国のアメリカをはじめ英独仏など欧米の主要国は、ハマスの襲撃を卑劣なテロだとして強く非難し、ネタニヤフ政権が始めたハマスに対する軍事作戦は国際法上も認められる自衛権の行使だとしてイスラエルをこぞって強く支持した。アメリカは支持を表明するだけでなく、イスラエル軍が使用する兵器の供与など巨額の軍事支援でイスラエルの作戦を支えた。

　しかし、イスラエル軍の攻撃によって連日極めて多くの市民が犠牲になり、その惨状がSNSなどを通じて世界に瞬時に伝えられると、イスラエルや支援国アメリカに対する批判や懸念の声が一気に高まった。大規模な攻撃を仕掛

けてきたハマスの行為は許されるものではない。この蛮行に対して自衛権を行使して反撃すること自体は国際法上、合法だとしても、問題はその"やり方"にある。戦時下の文民の保護などを規定する「国際人道法」は、攻撃が許されるのは軍事目標のみとしており、一般市民や民間施設への攻撃を厳に禁じている。民間施設が軍事拠点として使われている場合であっても、市民の巻き添えは最小限にする義務がある。

しかし、イスラエル軍はハマスの戦闘員が隠れ家にしているとして、病院や学校、難民キャンプ、イスラム教のモスク、一般住宅に至るまで、ありとあらゆる施設を攻撃対象として爆撃を繰り返している。その多くは、民間人の犠牲などほとんど気にも留めない事実上の無差別攻撃とも言え、「最小限」の範疇を大きく超えていることは明らかだ。パレスチナの保健当局によれば、ガザ地区の犠牲者の数は、この原稿執筆中の 11 月上旬現在、4 万 3000 人を超え、その約 3 分の 1 が 18 歳未満の子どもだ。また、ロイター通信によれば、パレスチナ人の実に 6 割以上がこの戦争で家族を一人以上失い、80,000 棟もの建物が双方の衝突により破壊されたという。戦火をさまようガザの住民たちが置かれた環境はまさに地獄だ。イスラエルが築いた壁の内側に閉じ込められて外に逃げ出すこともできず、爆撃でいつ命を失うかわからない恐怖にさらされ続ける。それだけでなく、清潔な水や食料、燃料、電気など、生きるために不可欠なものすら手に入れるのも困難で、数十万人もの子供が栄養失調に陥った。爆撃でけがを負い、血だらけになって病院に運ばれても十分な手当を受けられずに死亡する人々も後を絶たない。衛生状態の悪化からポリオの感染拡大が懸念され、WHO・世界保健機構がガザの子供たちのワクチン接種を行うため、イスラエルとハマスは限定的な戦闘停止で合意したはずだったが、軍事衝突から 1 年が経つ 2024 年 10 月には、接種会場に指定されていた学校が空爆され、子供など 20 人以上が死亡するという惨事もあった。ガザではいま、恐怖と悲しみにさいなまれながらも日々を懸命に生き抜いた末、平和な世界を一度も見ることなく短い生涯を終えていく子供たちがどれほど多いことだろう。

オランダ・ハーグに本部を置く ICC・国際刑事裁判所は 2024 年 5 月 20 日、ガザ攻撃を指示したイスラエルのネタニヤフ首相とガンツ国防相には戦争犯

罪と人道に対する罪の刑事責任を負う十分な根拠があるとしてこの2人の逮捕状を請求した。ICCは同時に、10月7日の襲撃を実行したハマスの幹部3人（ガザ地区指導者のヤヒヤ・シンワル、軍事部門トップのモハメド・ディアブ、政治部門トップのイスマイル・ハニヤ）に対する逮捕状も請求したが、3人は逮捕状の執行を待つことなく、イスラエルによって殺害された。

なぜ戦争は終わらないのか

国連のグテーレス事務総長は、ハマスによるテロを非難する一方で、イスラエル軍の攻撃は明白な国際法違反だと指摘し、何度も即時停戦を訴えている。国連安全保障理事会も即時停戦を求める決議を採択した。アメリカのバイデン政権も、イスラエルを支持する立場に変わりはないものの、イスラエルのガザ攻撃に反対する国内世論の高まりも受けて、極度に悪化したガザ地区の人道状況の改善をイスラエルに強く求める姿勢に転じている。にもかかわらず、イスラエルがガザ地区への攻撃をやめる兆候はない。なぜなのか。

その答えの一つは、ネタニヤフ首相自身が置かれた政治的立場にある。この戦争が終われば、ハマスによる奇襲攻撃を許した責任に加え、戦争の目的に掲げたハマスの壊滅も人質の全員解放も達成することができない責任を問われる可能性が高いのだ。事実、イスラエル国内ではネタニヤフ首相の辞任を求める大規模なデモも起きている。また、自身の汚職疑惑をめぐる裁判が続いているという事情もある。

仮に戦争が終息して、国家的な危機ゆえに先送りとなっている総選挙が行われれば、首相の座を追われ、裁判で有罪となって収監される可能性がある。このためネタニヤフ首相は、このまま戦争を続けることが首相の座に居座り続ける唯一の手段だと考え、意図的に戦争を長引かせていると指摘する専門家も少なくない。

イスラエルとイランが直接攻撃の応酬

この戦争でイスラエルが戦っている相手は、ハマスだけではない。イランが供与した弾道ミサイルをイスラエルに向けてたびたび発射しているイエメンの反政府組織フーシ派。また、レバノンに拠点を置くイスラム教シーア派

組織ヒズボラもロケット弾でイスラエル領を攻撃している。

　イスラエルはこのヒズボラに対して、2024 年 9 月以降、攻撃を激化させている。ヒズボラが自分たちの位置を特定されないよう携帯電話の代わりに使っていたポケットベルなどのモバイル通信機器を遠隔操作で一斉に爆発させるという前代未聞の無差別破壊工作を実行した。これにより一般の市民を含む 3000 人以上が死傷した。

　さらに、その翌週、イスラエル軍はレバノン領内への地上侵攻にも乗り出した。レバノンの保健当局によれば、10 月下旬現在、イスラエルによる攻撃で死亡した人は 2500 人を超え、このままだと、ガザの悲劇がレバノンでも繰り返されかねないという懸念が高まっている。

　イスラエルが対決する相手で何より影響が大きいのが、イランだ。ヒズボラやハマスなどの後ろ盾であるイランはこれまでイスラエルと直接戦火を交えることは避け、自らの影響下にあるヒズボラなどの代理勢力を使って、いわば間接的にイスラエルと戦ってきた。しかし、この代理戦争は、ネタニヤフ政権による挑発とも言える数々の攻撃によって、直接的な衝突に変化しようとしている。

イスラエル vs. イラン

　周辺国に戦火が広がっていく発端は、2024 年 4 月 1 日、外交上不可侵とみなされる在シリアのイラン大使館をイスラエル軍が空爆し、イランの革命防衛隊の司令官 7 人が殺害したことだ。これに対してイランの最高指導者ハメネイ師は報復を宣言。その 2 週間後、イランは初めて、自国の領土からイスラエル本土に対するミサイル攻撃を実行した。ドローン 170 機、弾道ミサイル 120 発以上、巡航ミサイル 30 発以上が、イラン本土のほかシリアやイラクなどから発射された。しかしイスラエルは、独自の防空ミサイル網「アイアン・ドーム」や「アローミサイル」など複数の層からなる防空システムによって 99% の迎撃に成功したと発表。周囲に展開していた米英軍の戦闘機もミサイルを迎撃して支援した。

　ただ、この迎撃率の高さは、イスラエルの防空能力の高さだけが理由ではない。実は、飛来するミサイルを迎撃しやすくする情報をイランが自ら発信

していたのだ。イランは、ミサイルの発射直後、イスラエルに着弾するかなり前に発射の事実を公表して、イスラエルが迎撃しやすい環境を意図的に作り出した。そこには、最高指導者ハメネイ師の宣言の通り、イスラエルの挑発は断じて容認しないという強い姿勢を内外に一応は示しつつも、イスラエルとの間で過度な紛争の拡大は望んでいないとのメッセージが込められていた。

しかし、両国が直接ミサイルで攻撃しあうという、かつてない危険なフェーズに踏み込んだ事実は重大だ。双方の報復が繰り返されれば、攻撃の規模は否応なしに徐々に拡大していき、いずれ制御不能になるおそれがあるからだ。イスラエル・ネタニヤフ政権がさらなる"挑発"に出たことで、この懸念は一層深まった。

2024年7月30日、イランの新大統領就任式のため首都テヘランを訪問中だったハマスの最高指導者ハニヤ氏を空爆によって殺害。さらに、9月28日、ヒズボラの最高指導者ナスララ師が潜伏する地下施設に複数の地中貫通爆弾を撃ち込み、ナスララ師を殺害した。深い関係にある組織の指導者たちを相次いで殺害されたことに対して、イランがさらなる報復に出るのは、当然予想されたことだった。

そして、イランによる報復攻撃はそれまでよりも烈度を増したものになる。10月1日、イランはイスラエル領内を弾道ミサイルなど180発で攻撃。4月に初めてイスラエル本土を攻撃した際には控えていたテルアビブなど主要都市への攻撃も実行した。この攻撃に対して、イスラエルは再び報復宣言をした上で、10月26日、イランのミサイル製造施設などを精密誘導兵器で破壊した。イスラエルは、核施設を攻撃するのではとの懸念も消えない中で一定の自制をきかせた形だったが、イランの弾道ミサイルの製造能力に大きなダメージを与えたとの報道もある。こうして双方の報復の連鎖が続いていけば、徐々に攻撃の烈度が増し、逆戻りできないところに達してしまうことが懸念される。

中東の一層の不安定化　イラン核武装の悪夢

　イスラエル・ネタニヤフ政権による“挑発”に対してイランの報復攻撃は一定の自制がきいていることはすでに述べた。これは、事実上の核保有国であるイスラエルとの本格的な軍事衝突は都合が悪いと考えているためだ。加えて通常戦力による軍事衝突でも、最新鋭の兵器や装備を備えるイスラエルとの戦いは分が悪く、さらにアメリカの介入を招けば一層困難な状況に追い込まれると専門家は見ている。

　イランはイスラエルを仮想敵国として弾道ミサイルやドローンなどを開発、実戦配備しすでに実戦に投入しているものもある。しかし、報復の連鎖の中で、イランが多くの通常兵器を投入してもイスラエルの攻撃はますます激化していき、通常兵器だけではイスラエルに対する抑止力としては十分に機能しないと判断することもありえる。核兵器開発をイランが再び加速させることを決断するかもしれない。そうなれば、サウジアラビアなど周辺国も核の保有に走り、中東での核戦争への恐怖が増大し、地域は一層不安定化することだろう。そして世界の核拡散の動きに拍車がかかり「核なき世界」の実現は一層困難になる。

欧米の自己矛盾　国際法違反がまかり通る世界へ

　大勢の子供を含むおびただしい数の民間人の命が犠牲になり、明らかな国際法違反との指摘がされながら、イスラエルがやめようとしないガザ攻撃に対して、世界で激しい非難が巻き起こってきた。それでもアメリカはイスラエルへの支持と武器供与を含む軍事支援を続けてきた。バイデン政権はガザ地区の人権状況を改善するようイスラエルに徐々に厳しい注文をつけてはいるものの、国内で一定の影響力を持つユダヤロビーへの配慮が働くため、イスラエルへの支持をやめることはない。

　しかし、この首尾一貫しない対応が国際政治に暗い影を落とそうとしている。ウクライナを軍事侵略したロシアの残虐行為に対して国際法違反だと厳しく糾弾しているのとはあまりに対照的で、明らかな自己矛盾だからだ。アメリカのダブルスタンダード・二枚舌の姿勢によって、アメリカ自らが世界

を主導してきた自由や民主主義、人権などの価値観が大きく揺らいでいる。

　また、この姿勢は、アメリカだけでなく、イギリス・ドイツ・フランスなど欧州の主要国にも共通している。欧米の振る舞いは、自由主義陣営の主張に対する信頼を著しく傷つけ、民主主義に基づく法の支配を麻痺させようとする現状変更勢力にとっては、非常に都合がよい。

　仮に、中国や北朝鮮が今後、国際法違反や戦争犯罪を犯し、欧米がそれを批判しても、その主張は説得力に大いにかけるものなるだろう。自由や法の支配の原則を守るという姿勢はしょせんご都合主義からくる「欺瞞」ではないかと批判されかねない。

　かつての世界は、アメリカが自由主義のリーダーとして、国際社会の秩序を乱そうとする勢力や行為に目を光らせてきた。しかしアメリカが「世界の警察官」を返上し、さらにダブルスタンダードの批判を浴びるようになった今、大国が小国を力でねじ伏せるような事態が起きたとしてもそれを止めることが難しくなっていく。国際ルールを守らなくても構わないという口実を現状変更勢力に与えることになりかねず、それは日本を含む世界の国々にとって、自由な経済活動を行う前提となる世界の安定を揺るがしかねないのだ。

トランプ返り咲きで深まる混迷

　アメリカの次期大統領に、アメリカ第一主義を唱えるだけでなく、数十もの罪で有罪判決を受けたドナルド・トランプが返り咲くことが決まり、世界に衝撃が広がっている。第二次トランプ政権の陣容はこの原稿執筆時点では明らかになっていないが、トランプのイエスマンばかりで固められる公算が高いと言われている。トランプが聞きたくない見方も敢えて伝えて大統領をいさめる制止役がいなくなれば、プーチンがそうであるように独裁色の強い政権になる危険性すらある。何より、ロシアに軍事侵略されたウクライナに欧米が結束して継続してきた軍事支援にトランプは支援に否定的だ。もしもアメリカが支援をやめるか大幅に縮小すれば、ウクライナは戦い続けることができなくなり、侵略した側のロシアに極めて有利な形で停戦を余儀なくされることになるかもしれない。

　イスラエルとパレスチナの関係についても、民主党政権よりも一層イスラ

エル寄りの姿勢を示してきたトランプは、イスラエルのガザ攻撃を含むネタニヤフ政権による一連の攻撃を無条件で支持することすら考えられる。これら一連のトランプ新政権の外交姿勢や行動によっては、人権や法の支配に基づく国際秩序が一層揺らぐことになりかねない。そのトランプに対して、日本をはじめアメリカの同盟各国はどのように向き合っていくのか、大いに問われることになるだろう。

未来に希望はあるか

イスラエルとパレスチナでは暴力は人々の心に憎しみを植え付け、次なる暴力がまた、さらなる憎しみと破壊を生む。こうしてこれまで世代を越えて繰り返されてきた悪循環は、残念ながらこの先も繰り返されていく可能性が極めて高い。状況は極めて深刻だ。

どうしたらイスラエルとパレスチナの未来に希望が見いだせるだろう。スネガロフらがこの問いを最終章に記したように、歴史は予想外の道をたどるかもしれない。ポジティブな合意の後に絶望的な出来事が起きたり、逆に極めてネガティブな事象の後に思いもよらぬに和平が始まったりすることがある。まだ書かれていない「歴史の続き」に一縷の希望を捨てず、それに向けて努力を続け、少しでもましな形で未来にバトンをわたすことが、「今」という時代を任された者たちに課せられた使命なのだ。

津屋 尚 （つや・ひさし）

岐阜県出身。NHK 解説委員。岐阜県出身。専門は国際安全保障。中東・欧州・アジア太平洋地域など世界の軍事・安全保障問題を 30 年以上取材。

1991 年 NHK 入局。名古屋、横浜の各放送局記者、国際部記者、国際部デスクなどを経て 2012 年から解説委員。2003 年イラク戦争では米軍を長期間従軍取材。

2015 〜 2020 年「ニュースシブ 5 時」レギュラーコメンテーター。2024 年からはラジオ番組「N らじ」キャスターを務めている。

RUSI（英国王立防衛安全保障研究所）客員研究員、広島大学法学部客員教授、海上保安庁政策アドバイザーなども歴任。

文 献 と 資 料

〈第1章〉

テオドール・ヘルツルの日記より抜粋（1897年9月1日）

　　　バーゼルでの会議を一言でまとめると――人前で言うのはやめておくが――
こうだ。バーゼルで、私はユダヤ人の国家を建国した。いま私が声に出してそ
う言えば、万人の笑いを誘うだろう。5年後にはもしかしたら、50年後なら間
違いなく、誰もが納得するだろう。国家というものは本質的に国民の意志、も
しくは充分な権力を持った個人の意志（ルイ14世「朕は国家なり」）に基づい
ている。領土はそれを具現するための土台でしかない。国家というものは、領
土を有していても、常に抽象的な特性を持っているものだ。バチカンという国
は、領土が無くても存在する。そうでなければ、ローマ教皇が主権を担うこと
はないだろう。

　　　つまり私がバーゼルで創造したのはそういう抽象的な、ほとんどの人には見
えないもので、私は実際、それを大した元手も無しに創り出した。私は人々が
国家建設に乗り気になるように徐々に導いて、各自が国民議会の一員であると
いう感覚を叩き込んだ。

　　　　　出典　Theodor Herzl, Journal 1895-1904. Le fondateur du sionisme parle,
　　　　　morceaux choisis et présentés par Roger Errera. Calman-Lévy, 1994.

ユシフ・ジア・アル・ハリディがフランスの主席ラビ、ザドク・カーンに託した、テオドール・ヘルツル宛ての手紙より抜粋

　　　あなたがたユダヤ民族に対する私の感情については語らずともご理解いただ
けましょう。私を知る者たちはよく知っていますが、私はユダヤ教徒、キリス
ト教徒、イスラム教徒をいっさい分け隔ていたしません。私はいつも我らが預
言者マラキの「我々には皆、ただひとりの父がいるではないか。ただひとりの
神が我々を創造されたではないか」という素晴らしい言葉に従うようにしてい
ます。（中略）

　　　パレスチナにおけるユダヤ人の権利に誰が異議を唱えることができるでしょ
う。なんということでしょう、歴史的には、パレスチナはあなたがたユダヤ人
の国なのです！　そして、かくも有能なユダヤ民族が、尊重された幸福な独立
国家として再生し、かつてのようにパレスチナで困窮する人類に奉仕できるよ
うになったとしたら、それはなんと素晴らしい眺めでしょう！

　　　考慮しなければいけないのは、現実、既成事実、状況の容赦ない力です。と
きに、現実とはパレスチナがいまオスマン帝国の一部であるということ、さら
に深刻なことにはこの地にはイスラエルの民以外の居住者がいるということで
す。この現実、この既成事実、状況の持つこの容赦ない力によって、シオニズ

ムには、地理的に、実現の望みが一縷もありません。そして特に重要なのは、トルコに住むユダヤ人たちの立場も脅かされるということです。（中略）

　たしかに、トルコ人やアラブ人は一般的にあなたがたユダヤ教徒に対して好意的です。しかしながら、どんなに文明化された民族にも狂信的な人々がいるように、トルコ人やアラブ人にもそういう人々がいて、人種憎悪の感情を持っています。さらに、パレスチナにいる狂信的なキリスト教徒は、正教徒やカトリック教徒に多いのですが、彼らはパレスチナが従来通り自分たちだけのものだと考えており、自分たちの祖先の土地にユダヤ人が進出してくるのを妬ましく思っており、事あるごとにユダヤ人に対するイスラム教徒の憎しみを喚起しようとしています。（中略）

　したがってトルコにいるユダヤ人たちの安寧を守るために必要なのは、シオニストたちが、シオンの丘を目指すという地理的な意味でのシオニスト運動をやめることです。哀れなユダヤ民族のためにどこかに居場所を探そうというのは、この上なく公平で公正なことです。さいわい、地球はじゅうぶんに広大で、誰も住まない地方がたくさんあります。何百万ものイスラエルの民がそこに住み着き、その地で幸せになり、いつか国家を形成することもあるかもしれません。

　とにかく、後生ですから、パレスチナをそっとしておいてください。

　　　出典　Henry Laurens, La Question de Palestine, Tome 1, L'Invention de la Terre sainte（1799—1922）, Fayard, 2002. および Vincent Lemire, Jérusalem 1900, la Ville sainte à l'âge des possibles, Armand Colin, 2013.

テオドール・ヘルツルからユシフ・ジア・アル・ハリディへの返信より抜粋

（前略）まず申し上げたいのは、ユダヤ人に対するあなたの友情に心から感謝しているということです。迫害を受けスペインを追われたユダヤ人をスルタン・セリムがオスマン帝国に受け容れてくださった日から、ユダヤ人はトルコの最良の友でありました。今もそうですし、これからもそうです。

　そしてこの友情は、単なる言葉ではなく、いつでも行動に姿を変え、イスラム教徒を支援しに行くつもりでいるのです。

　私がしもべとして仕えているシオニズムという思想には、オスマン政府に敵対する要素はいっさいありません。それどころか、この運動はオスマン帝国に新たな資源を拓くものなのです。（中略）

　閣下が主席ラビに宛てた手紙の中でいみじくも述べられたように、ユダヤ民族には背後で戦争に駆り立てるような軍事的後ろ盾はいっさい無い。そっとしておけば、不満とは無縁の、いたって平和的な勢力です。ですから、彼らが移り住んでくるからと言って心配するようなことは何も無いのです。

　聖地の問題？

　そんなものに触れようなどとは誰も考えません。夢にも。何度もお話ししま

したし、書きもしましたが、あれらの聖地はある一つの宗教、ある一つの人種、ある一つの民族だけに帰属する自由を永久に失っています。（中略）

　パレスチナにユダヤ人以外の住民がいることでまたひとつ問題が出てくるとお考えですね、閣下。しかしいったい誰が彼らを追い払おうなどと考えるのでしょうか？　我々の富をもたらすことで増大するのは彼らの幸福、彼ら個人の富なのです。パレスチナに3、4千フランの土地か家を所有するアラブ人がいるとします。その土地なり家なりの価格があっという間に高騰し、数か月で5倍10倍の価値を持つようになったとして、そのアラブ人が腹を立てると思われますか？　これはしかし、ユダヤ人がやってくれば必然的に起こることなのです。そのことを現地民に理解させなければなりません。彼らは素晴らしい同胞を得ることになるのです――スルタンが忠実で善良な臣下を得ることになるのと同じように。彼らは自らの歴史的郷土であるこの地域に繁栄をもたらすのです。

出典　The Interactive Encyclopedia of the Palestine Question

〈第 3 章〉
国連総会決議 181 号の抜粋

A. 委任統治の終了、分割と独立（中略）
　　3. 独立アラブ国家および独立ユダヤ国家、ならびに本案の第3部に規定されるエルサレム市のための特別国際体制は、委任統治国の軍隊の撤退が完了した2カ月後、いずれにせよ 1948 年 10 月 1 日までに、パレスチナに誕生するものとする。（中略）

C. 宣言
　　独立が承認される前に、各提案国の暫定政府は、国際連合に対して宣言を行うものとする。
　　この宣言には、特に次の条項が含まれなければならない。（中略）

第1章
聖地、宗教的な建物および場所
　　1. 聖地および宗教的な建物または場所に関する既存の権利は、いかなる侵害も受けない。（中略）
　　4. 国家創設の日に非課税であった聖地、宗教的な建物または場所については、課税されない。

第3章
市民権、国際条約、財政的義務
　　1. 市民権。エルサレム市外のパレスチナに居住するパレスチナ市民、およびパレスチナ国籍を有せずにエルサレム市外のパレスチナに居住するアラブ人とユダヤ人は、独立が承認された時から、その居住する国

の市民となり、すべての市民的・政治的権利を享有する。18歳以上の者は、居住する国の独立が承認された日から1年以内に、もう一方の国の国籍を選択することができる。ただし、本案が想定するアラブ国家の領土に居住するアラブ人は、本案が想定するユダヤ国家の国籍を選択する権利を有せず、本案が想定するユダヤ国家の領土に居住するユダヤ人は、本案が想定するアラブ国家の国籍を選択する権利を有しない。この選択権を行使する者は、その妻及び18歳未満の子についても同時に選択するものとみなされる。

　　　　資料提供：国際連合

〈第4章〉
1967年6月9日のガマール・アブドゥル・ナーセルの演説より抜粋

　「私はある決断をしたのでご支持をいただきたい。私は、一市民としての義務を果たすため、あらゆる公的な役職、あらゆる政治的役割を完全かつ永久に放棄し、人民大衆の中にふたたび身を置くことを決意した。帝国主義勢力は、ガマール・アブドゥル・ナーセルを彼らの敵だと思い込んでいる。私は彼らに、明らかに知らしめたい。アラブ民族全体が彼らの敵であり、ガマール・アブドゥル・ナーセルだけが彼らの敵ではないということを。（中略）そうすることで、私は革命を清算するのではない。というのも、革命は一世代の思想の結実ではないからだ。私は自分たちの世代が成し遂げたことを誇りに思う。我々はイギリスの帝国主義に終止符を打ち、エジプトの独立を達成し、エジプトのアラブ的個性を明確にし、社会革命を主導し、エジプトの現実に大きな変化をもたらした。これらすべてによって、国民が国家資産の主権を握ったことが証明されたのである。（中略）

　5月15日、イスラエルがシリア攻撃を計画していたことは、イスラエルの声明から明らかだった。この情報は、シリアの兄弟たちやわが国の情報部が入手した情報によって裏付けられた。ソ連の友人たちは、先月初めにモスクワを訪問した国会議員団を通して、シリアを攻撃する計画的な意図があることを伝えてきた。傍観しないことが我々の義務だった。それはアラブの連帯の義務であると同時に、我が国の安全保障を保証するためでもあった。（中略）」

　停戦についてナーセルは「我々は、ソ連が安保理に提出した最新の決議案に含まれる主張と、いかなる国も侵略によって領土を拡大することはできないというフランスの声明に基づいて、敵対行為の停止を受け入れた」と述べた。

　　　　出典：1967年6月10日AFP通信（1967年6月12日のル・モンド紙に掲載）。

国連安全保障理事会決議242号、1967年11月22日

　安全保障理事会は、中東における深刻な情勢が安全保障理事会に与え続けている懸念を表明し、

　戦争による領土の獲得は許されず、この地域のすべての国が安全に暮らせる公正かつ持続的な平和の実現に努める必要があることを強調し、

さらに、すべての加盟国が、国際連合憲章を受諾するにあたり、同憲章第2条に従って行動する契約を結んだことを強調しつつ、

1. 同憲章の原則を実現するためには、中東における公正かつ恒久的な和平の確立が必要であり、その過程には以下の2つの原則の適用が含まれるべきであることを明言する。
   (i) 直近の紛争で占領した領土からのイスラエル軍の撤退。
   (ii) あらゆる敵対的主張とあらゆる交戦状態の停止、およびこの地域の各国の主権、領土の完全性、政治的独立、および安全で承認された国境内で脅威や武力行為から解放されて平和に暮らす権利を尊重し、承認すること。
2. さらに以下の必要性を明言する。
   (a) この地域の国際水路における航行の自由を保障する必要性。
   (b) 難民問題の公正な解決を実現する必要性。
   (c) 非武装地帯の創設を含む措置によって、この地域の各国の領土の不可侵性と政治的独立を保障する必要性。
3. 本決議の規定および原則に従って、合意を促進し、平和的で認められた解決策を達成する努力を支援することをめざし、関係諸国との関係を確立し維持するために、中東を訪問する特別代表を任命するよう、事務総長に要請する。
4. 特別代表の尽力に関する活動報告書を安全保障理事会にできるだけ早く提出するよう、事務総長に要請する。
   第1382回総会にて全会一致で採択。

　　　　資料提供：国際連合

1968 年パレスチナ民族憲章より抜粋
（1964 年 PLO 憲章の改訂版）

1. パレスチナはアラブ系パレスチナ人の祖国であり、アラブの祖国の不可分の一部であり、パレスチナ人はアラブ民族の不可欠な一部である。
2. パレスチナは、英国委任統治領の境界線内において、不可分の領土単位を構成する。
3. パレスチナのアラブ民族は、祖国に対する法的権利を有し、祖国の解放を達成した後、自らの希望に従い、自発的に、自らの意志に従って、彼らの運命を決定する。
4. パレスチナ人のアイデンティティは、本物の、本質的な、内在的な特徴であり、親から子へと伝えられるものである。シオニストに占領されようと、身に降りかかった不幸ゆえに、パレスチナ・アラブ民族が離散しようと、パレスチナ人としてのアイデンティティやパレスチナ共同体への帰属が失われることはないし、消し去られることもない。
   （中略）
9. 武力闘争はパレスチナ解放への唯一の道である。したがって、それは全体

の戦略であり、単なる戦術上の一局面ではない。パレスチナのアラブ民族は、祖国を解放し、祖国へ帰還するために、武装闘争を継続し、武装した人民革命を準備する絶対的な決意と断固たる決意を表明する。また、パレスチナで普通の生活を営む権利と、同国に対する自決権と主権を有する権利を主張する。

（中略）

12. パレスチナ民族はアラブの統一を信じている。しかし、パレスチナ民族がこの目標の達成に貢献するためには、闘争の現段階において、パレスチナ民族のアイデンティティを守り、パレスチナ民族がこのアイデンティティに対して持っている意識を強化し、このアイデンティティを減少させたり弱めたりするようなあらゆる計画に対抗しなければならない。

（中略）

19. 1947 年のパレスチナ分割とイスラエル建国は、パレスチナ民族の意志と祖国に対する自然権に反しており、国際連合憲章に含まれる原則、特に民族自決権に関する原則に反しているため、それ以降にどれだけ時間が経過したとしても、完全に違法である。

20. バルフォア宣言、パレスチナの委任統治およびそれに由来するすべてのものは無効である。ユダヤ人のパレスチナとの歴史的・宗教的結びつきに基づく主張は、歴史的事実および国家の構成要素に関する正しい概念と相容れない。ユダヤ教は宗教であり、独立した国籍を構成することはできない。同様に、ユダヤ人は独自のアイデンティティを持つ単一の民族を形成しているのではなく、彼らが属している諸国家の国民である。

（中略）

22. シオニズムは、国際帝国主義と有機的に結びついた、世界のあらゆる解放運動や進歩主義的運動に反する政治運動である。シオニズムは本質的に人種差別的で狂信的であり、その目的は攻撃的で拡張主義的で植民地主義的、その方法はファシズム的である。イスラエルは、シオニスト運動の道具にして、世界帝国主義の地理的拠点であり、アラブ民族の解放、統一、進歩への希望と敵対するために、アラブ民族の祖国のまさに中心に戦略的に配置されている。イスラエルは、中東および全世界の平和に対する絶え間ない脅威の源である。パレスチナの解放が、帝国主義的なシオニストの存在を排除し、中東における平和の確立に寄与するものである以上、パレスチナ民族は、世界のすべての進歩的で平和的な勢力の支援を期待し、祖国解放のための正当な闘いを闘っているパレスチナ民族に援助と支援を提供するよう、所属や信条を問わないすべての勢力に切に要請する。

　　出典：«L'agenda Palestine – 1981», Union générale des étudiants de Palestine によるフランス語訳。

〈第5章〉
1988年のハマス憲章より抜粋

6. イスラム抵抗運動は、神に忠誠を誓い、イスラムを生活の規律とし、パレスチナの隅々にまで神の旗を立てるために活動する、パレスチナ特有の運動である。イスラムの庇護下では、あらゆる宗教の信者が、自らの生命、財産、権利に関して安心して安全に共存することができる。イスラムが無ければ、争いが生じ、不正義が蔓延し、退廃が横行し、紛争や戦争が勃発する。

    （中略）

11. イスラム抵抗運動の考えでは、パレスチナの土地は、イスラムで言うところのワクフ、つまり、ムスリムの全世代が復活の日まで受け継いでゆく土地［死手財産］である。パレスチナの全部または一部を放棄すること、パレスチナの全部または一部を分離することは違法である。いかなるアラブ国家も、すべてのアラブ国家が結集しても、その権利を有さない。いかなる国王や大統領も、すべての国王や大統領が結集しても、その権利を有さない。いかなる組織も、パレスチナの組織であろうとアラブの組織であろうと、その両方のすべてが結集しても、その権利を有さない。というのもパレスチナは復活の日までムスリムの全世代のためのイスラムのワクフの土地であり、いったい誰が復活の日までイスラムの全世代から全権委任を受ける権利があると主張できるだろうか？

    （中略）

13. パレスチナ問題を解決するために推奨される率先的行動、いわゆる平和的解決策、および国際会議はイスラム抵抗運動の信仰表明に反するものである。パレスチナのどこかの部分を放棄するということは、信仰の一部を放棄するということだ。したがって、イスラム抵抗運動の愛国心は、その信仰の一部なのである。

    （中略）

    パレスチナ問題にはジハード以外の解決策はありえない。率先的行動、平和的解決策、および国際会議は時間の無駄であり、無意味な活動である。パレスチナ人は、自らの未来、権利、運命を無意味な活動に浪費するような無節操な民族ではない。（中略）

14. パレスチナ解放の問題は、パレスチナの輪、アラブの輪、イスラムの輪という3つの輪に関わるものである。これら3つの輪はそれぞれ、シオニズムとの闘いの中で担うべき役割を持ち、それぞれが独自の義務を持っている。これらの輪のどれかをないがしろにするのは重大な誤りであり、深刻な無知の産物である。パレスチナはイスラムの土地であり、（中略）、神の使徒ムハンマド——彼に神の祝福と平安を——の夜の旅の出発点に当たる、第三の聖地である（中略）。そういうわけであるから、パレスチナの解放は、どこにいようとも、すべてのムスリムに課される個々人の宗教的義務である。

15. 敵がイスラム教徒の土地を簒奪した日、戦いはすべてのムスリムに課せられた個々人の宗教的義務となる。ユダヤ人によるパレスチナの簒奪に対しては、ジハードの旗を掲げなければならない。そのためには、地域の、アラブの、イスラムの大衆にイスラム意識を広める必要がある。敵に立ち向かい、ジハードの戦士の隊列に加わる、ジハードの精神を民族全体に広めなければならない。

（中略）

32. 世界規模のシオニズムと植民地主義勢力は、巧妙な運動と周到な計画によって、シオニズムとの対立の輪からアラブ諸国を次々に脱退させ、最後にはパレスチナ民族を孤立させることを目指している。彼らはすでに、裏切りの「キャンプ・デイヴィッド」協定によってエジプトを紛争の輪から抜け出させることにおおむね成功しており、他の国々も似たような協定に誘い込んで、紛争の輪から抜け出させようとしている。

イスラム抵抗運動は、アラブ諸民族とイスラム教徒に対し、この恐るべき計画の継続を阻止すべく、またシオニズムとの対立の輪から外れることの危険性を大衆に認識させるべく、真剣かつ粘り強く取り組むよう呼びかける。

今日はパレスチナだが、明日はまた別の、一つないし複数の地域が標的となる。シオニストの計画には際限が無い。パレスチナの後は、彼らはナイル川からユーフラテス川まで領土を拡大しようとするだろう。到達した地域の同化が完了すると、さらにその先を目指し、そこでも同化が完了したらまたその先へ、の繰り返しである。彼らの計画は『シオン賢者の議定書』に記されており、彼らの現在の行ないは彼らの計画の格好の証拠である。

> 出典およびフランス語訳：Jean-François Legrain, *Les Voix du soulèvement* 1987–1988, Le Caire, Centre d'études et de documentation économique, juridique et sociale (CEDEJ), 1991.

もっと詳しく知りたい人に

Denis Charbit, *Israël et ses paradoxes. Idées reçues sur un pays qui attise les passions*, Le Cavalier bleu, 2023.

Amnon Cohen, *Juifs et musulmans en Palestine et en Israël, des origines à nos jours,* Tallandier, 2016.

Samy Cohen, *Israël une démocratie fragile*, Fayard, 2021.

Alain Dieckhoff, *Les Espaces d'Israël*, Presses de Sciences Po, 1989.

Charles Enderlin, *Au nom du temple. Israël et l'irrésistible ascension du messianisme juif (1967–2013)*, Le Seuil, 2013.

Jean-Pierre Filiu, *Comment la Palestine fut perdue et pourquoi Israël n'a pas gagné*, Le Seuil, 2024.

Alain Gresh, *Israël, Palestine, vérités sur un conflit,* Fayard, 2007.

Steve Jourdin, *Israël. Autopsie d'une gauche (1905–1995)*, Le Bord de l'eau, 2021.

Rashid Khalidi, *L'Identité palestinienne. La construction d'une conscience nationale moderne*, La Fabrique, 2003.

Henry Laurens, *La Question de Palestine* (5 volumes), Fayard, 2015.

Vincent Lemire et Christophe Gaultier, *Histoire de Jérusalem*, Les Arènes, 2022.

Philip Mattar (dir.), *Encyclopedia of the Palestinians*, Facts on File, 2000.

Cédric Parizot et Stéphanie Latte Abdallah (dir.), *À l'ombre du mur. Israéliens et Palestiniens entre séparation et occupation*, Actes Sud, 2011.

Elias Sanbar, *La Palestine expliquée à tout le monde*, Le Seuil, 2013.

Tom Segev, *1967. Six jours qui ont changé le monde*, Hachette, 2007.

Thomas Vescovi, *L'Échec d'une utopie. Une histoire des gauches en Israël,* La Découverte, 2021

【著者紹介】

トマ・スネガロフ（Thomas Snégaroff）

◉——1974年生まれ。歴史学のアグレジェ。リセやグランゼコール準備級、パリ政治学院で歴史と地政学を教えた後、ジャーナリストとしての活動を始める。テレビ番組「C politique」（フランス5、日曜日）とラジオ番組「Le Grand Face-à-face」（フランス・アンテール、土曜日）の司会進行役。専門は現代アメリカ合衆国。著書にクリントン大統領夫妻とジョン・F・ケネディについての伝記がある。

ヴァンサン・ルミール（Vincent Lemire）

◉——1973年パリ生まれ。1998年、フォントネー・サンクルー高等師範学校卒業。歴史学のアグレジェ。2019年から2023年までフランス国立エルサレム研究所（CRFJ）の所長を務め、現在はギュスターヴ・エッフェル大学教授、欧州研究会議によるオープン・エルサレム・プロジェクトの責任者。

【訳者紹介】

工藤　妙子（くどう・たえこ）

◉——1974年生まれ。1997年慶應義塾大学文学部文学科仏文学専攻卒業。仏文翻訳家。主な訳書に、クロード・シュロー『クローンの国のアリス』（青土社）、ウンベルト・エーコ、ジャン＝クロード・カリエール『もうすぐ絶滅するという紙の書物について』（CCCメディアハウス）などがある。

イスラエルとパレスチナ　紛争の解剖学

2024年12月16日　　第1刷発行

著　者——トマ・スネガロフ、ヴァンサン・ルミール
訳　者——工藤　妙子
発行者——齊藤　龍男
発行所——株式会社かんき出版
　　　　　東京都千代田区麴町4-1-4 西脇ビル　〒102-0083
　　　　　電話　営業部：03(3262)8011代　編集部：03(3262)8012代
　　　　　FAX　03(3234)4421　　　　振替　00100-2-62304
　　　　　https://kanki-pub.co.jp/
印刷所——シナノ書籍印刷株式会社